シリーズ・これからの地域づくりと生協の役割 3

3・11 忘れない、伝える、続ける、つなげる

協同の力で避難者の支援を

西村一郎 著

日本生活協同組合連合会

もくじ

第10章 おあがんなんしょ　ふじみ野市避難者支援活動 161

第11章 七転八起　大熊町に活気と笑顔を取り戻す会 177

第12章 温かい味噌汁の支援が希望に　旧騎西高校の炊き出し 195

第16章　おわりに　笑顔をかわす場のさらなる拡がりを　265

もくじ

カバーデザイン　タクトデザイン事務所

巻頭歌

みそ汁で
つながる笑顔
避難者と
共に育《はぐく》む
希望の双葉

三休（西村一郎）

第1章

はじめに

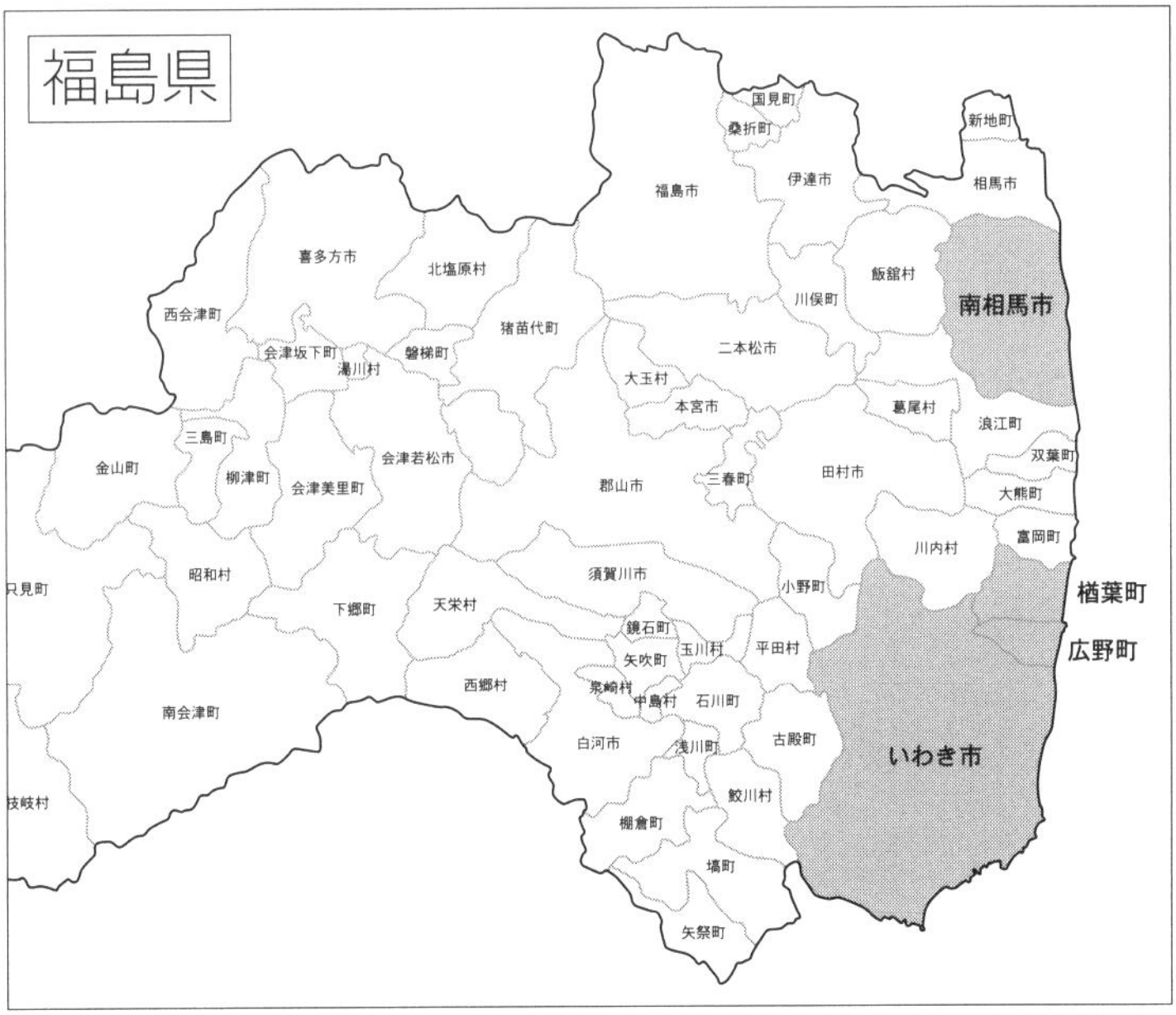
福島県
国見町
桑折町
新地町
伊達市
相馬市
福島市
喜多方市
北塩原村
飯舘村
南相馬市
川俣町
西会津町
猪苗代町
二本松市
会津坂下町
磐梯町
湯川村
大玉村
本宮市
葛尾村
浪江町
三島町
双葉町
金山町
会津若松市
柳津町
会津美里町
郡山市
三春町
田村市
大熊町
富岡町
川内村
昭和村
須賀川市
只見町
小野町
楢葉町
下郷町
天栄村
鏡石町
玉川村
平田村
広野町
矢吹町
西郷村
泉崎村
中島村
石川町
南会津町
白河市
浅川町
古殿町
いわき市
檜枝岐村
鮫川村
棚倉町
塙町
矢祭町

この本は、埼玉県に拠点を置く生協・ＪＡ・市民団体などによる震災復興の支援を紹介し、一日も早く全ての被災された方々が、少しでも元気になることを願って書かせていただいた。

「私はお墓にひなんします」

「毎日原発のことばかりでいきたここちしません　こうするよりしかたがありません　さようなら　私はお墓にひなんします　ごめんなさい」

２０１１年6月のことであった。福島県南相馬市に住む93歳の女性が、自らの命を絶った。そのときの遺書の最後の部分である。

長男夫婦と孫２人の計５人で暮らしていたが、原発の事故によって北隣の相馬市に住む次女の家へ避難した。さらに長男夫婦は、子どものことを心配して群馬県へと移った。体調を崩した女性は入院して回復した後、家に戻って一人で暮らしていた。

残された文には、「ひとりで1ケ月泣いた　毎日テレビで原発のニュースをみてるといつよくなるかわからないようだ　またひなんするようになったら老人はあしてまといになるから」ともあった。

93歳まで頑張って生きてきた方が、自らの命を絶つまで追い詰めたとは、いったいどのような心境だったのだろうか。話相手もいなく、一人で1カ月も泣いたとのことだから、どんなにか辛く、かつ不安におののき悲しんでいたことだろう。

地震や津波による被害は天災であるにせよ、原発事故による被害は人災であり、責任を取るべき人物は必ずいるはずであるが、いまだ明らかになっていない。高度に発達したはずの現代の法治国家において、これだけの日本史上最悪の公害を発生させたのだから、いずれ責任者やその背景を明確にし再発を防止することは、今を生きる私たち一人ひとりに課せられた社会的責務である。

そのためにまずは福島の避難者の今を知りたくて、福島県と埼玉県を訪ねた。

福島の被災地へ

台風が日本列島を縦断した後の２０１２年10月中旬に、私は折りたたみ式自転車と放射線量計を持って、最寄りの取手駅からＪＲ常磐《じょうばん》線に早朝乗った。２０１１年3月の東京電力福島第一原発の事故による放射性物質の放出は、隣接する茨城県も広範囲に汚染した。それは原発からの距離に関係なく、最も近い北茨城市などより２００キロも離れた私の住む取手市が高く、文部科学省の定めた０・２３マイクロシーベルト（μSv/h）以上の場所がいくつもあり、保育園や学校などの除染作業が行われていた。

取手駅で０・１２マイクロシーベルトあった線量は、以下のように電車が北上すると変化していった。

牛久０・０７、土浦０・０５、水戸０・１０、日立０・１０、大津港《おおつこう》０・０８、植田《うえだ》０・１５、いわき０・１０、四ツ倉０・１８、久ノ浜《ひさのはま》０・２１、末続《すえつぎ》０・３４。

どこも車両に座ったままでの計測であり、かつ簡易式線量計なので誤差はいくらかあるだろうが、おおよその汚染の傾向を知ることはできる。

勝田駅で乗り換えて常盤線の終点である広野駅には、昼前に到着して線量計を見ると0・22マイクロシーベルトを表示していた。上野と仙台を結ぶ常盤線は、原発の事故によって広野と原ノ町間が不通となり分断されていた。

閑散とした小さな広野駅のプラットホーム内の横には、丸い形の黒い石に「今は山中今は浜……」と刻んだ唱歌「汽車」の碑があった。

駅前で自転車を組み立て、マスクをして帽子を深くかぶってペダルをこぎだした。広野町役場のホームページによれば、2012年7月31日現在の町民は、1，914世帯で5，284人であるが、8月17日の町内居住者は264世帯の427人でしかない。それぞれの帰還率は、世帯で13・8パーセントと人口は8・1パーセントである。8月27日から広野小・中学校は、除染やエアコンの設置が完了したとして、1年半ぶりに授業を再開したが、全ての児童が戻る状況とはまだなってない。

駅前の商店街は、大半がシャッターを降ろしたままで、たまに金物屋や肉屋が営業していたが客はいなかった。南北に走る国道6号線を横切り、少し高台になっている築地ヶ丘公園に登る。一角に長方形の赤紫の石があり、「とんぼのめがねは　水いろめがね……」

と、懐かしい童謡「とんぼのめがね」を刻んであった。地元の医師の額賀誠志《ぬかがせいし》さん（1900‐1964年）が、「子どもたちの胸に愛情の灯をつけておきたい」と戦後すぐに作詞した。

この公園からは、海岸まで約1キロの広野が一望できる。家屋が並んでいるのは線路までで、その先の海まではどこまでも一面の雑草が生い茂っていた。2012年8月11日の復興祈念花火大会では、この公園がメイン会場となり、正面の海岸から打ち上げた創作花火「とんぼのめがね」を含めて、色とりどりの花火が夜空を飾った。東北の被災地の13カ所で、追悼と復興の願いを込めて開催となったLIGHT UP NIPPON（ライト・アップ・ニッポン）の一つであった。

津波で被災した地域がオレンジで色分けされた地図を手にし、広野町の海岸近くを南から北へと自転車を走らせた。大人の背丈ほどあり、円錐《えんすい》状の黄色い穂を付けたセイタカアワダチソウが一面に茂っている。道端や線路の側なのでよく生えている北アメリカ原産の帰化植物で、2キロメートルほど走っても左右に群生していて驚いた。震災前に舗装されていた道は、いたる所でアスファルトやコンクリートがはがれ、砂利道にいくつもの水たまりができていた。途中で何軒かの倒れた民家があったので道路から覗《のぞ》くと、家具や衣類などは散乱し、車や農機具なども乗り捨てたままであった。遠くから排水溝の工事をしている起重機の音と、カラスの鳴き声だけが聞こえる。震災からすでに1年6カ月経つというのに、当時のままが目の前にあり、まるでここだけ時間が止まっているかのような錯覚を感じた。

道は広野町の北を流れる北迫川《きたばがわ》に突き当たり、左に進んで国道6号線に出てさらに北上した。立ち入りを制限する通行止めがもうすぐあると思い込み、そこまで進むつもりで緩やかな上り坂でペダルをこいだ。二ツ沼総合公園を過ぎ、やがて有名なJヴィレッジの前まで来たが、まだ前に走ることができる。すでに東京電力福島第二原発のある富岡町に隣接する楢葉町《ならは》へと入り、線量計の数字が少しずつ高くなっていった。

道の駅「ならは」の前から国道を離れ、海岸方面へと降っていった。広野町以上の平原が拡がり、ここもセイタカアワダチソウの黄色い穂がどこまでも続いていた。広野町と違うのは、起重機の音もなく道ですれ違う車もほとんどいない。雑草の中の一角に、黄金になった稲穂があった。不思議に思って後で調べると、放射能汚染を調べるための水稲実証ほ場であることが分かった。ここでも海岸近くまで進んでから北上し、大きな木戸川の河口に出た。水門の頑丈な施設も全てが破壊され、無残な姿を静かにさらしていた。

堤防に沿って西へ進むと、道が寸断されて走ることができず、自転車を担いで歩いた場所もあった。やがて左手に木戸川漁協の広い施設があり、鮭《さけ》の採卵場や直販場もあったが、

時間の止まった福島県浜通りの被災地。(2012年10月8日)

ここもまったく人気がなく静まり返っている。陸前浜街道《りくぜんはま》に出て木戸川大橋を渡り、また小高い丘へと上がっていった。すでに線量計は、0・5とか時には1・0台を示すこともあった。

木々の生い茂る道をひたすら上ると、家屋の並ぶ平坦な場所に出た。いくつもの家屋で、塀が倒れて屋根が崩れ、庭は雑草が伸び放題である。駅前の駐輪場には、何台もの自転車が並び、赤いポストにはビニールを掛けて封をしていた。電車の走らない茶色に錆《さ》びたレールには、クズの葉がたくさん被さっていた。神社の鳥居の下は、ここにもセイタカアワダチソウやススキが茂り、足を入れることもできない。

まるで人の気配を感じることのできない集

落は、どこか不気味でもあった。

やっとのことで、とある民家の庭で雑草を抜いている初老の男性を見かけて声をかけた。

「こんにちは。大変ですね」

「こんにちは」

白髪の小柄な男性が、手を止めてこちらを向いてくれた。

「この辺りの方は、どこに行かれたのですか？」

「皆は、いわき市の仮設住宅ですよ。ここは警戒区域が解除になったので、昼間に戻ることはできるようになりましたが、まだ泊まることはできません。もっとも家がこんなに壊れているので、泊まりたくても無理ですがね」

男性は静かに笑っていた。

２０１２年８月10日に楢葉町は、警戒区域が解除されて避難指示解除準備区域になっていたことは後で知った。それにしても難解な名称を付けるものである。

ちなみに楢葉町の町民7，６４７名は、２０１２年６月15日の町役場発表によれば、福島県内に6，３１９名いて、その大半を占める5，３１３名がいわき市で暮らしている。また同じデータには、楢葉町５名と広野町15名とも記載され、高い線量の中で生活している人がいることを知り、驚いた。

さらに道を北上すると、また小山に入っていった。すでに線量計は、1・0をずっとオーバーしている。やがて左側に高い煙突のある南部衛生センターが見えてくると、その前の道路は鉄のフェンスで遮ってあり、黄色の立て看板があった。赤字で「立ち入り制限中」とあり、その下に「この先警戒区域につき通行止め」と書かれ、原子力災害対策本部と楢葉町を併記していた。

そのとき線量計は、すでに2・0の前後で表示を繰り返していた。地図で見ると、東京電力福島第二原発に直線距離で2キロほどである。もう少し北上すれば原発を見ることができるはずであるが、年間の線量にすれば20ミリシーベルト（mSv）近くなり、これほどの高線量の場所に長居は禁物である。写真を何枚か撮って、すぐに一目散で引き返した。

その日の夕方5時前に広野駅発の電車に乗り、取手駅に戻ったのは9時頃であった。

先祖代々の暮らしによって築いてきた美しい古里が、放射能汚染によって無人の地域と化している。安心して生活できるようになるまでは、どれくらいの年数がかかるのか誰もわからない。こんな大被害を多くの人に与えているのに、誰に責任があるのかも明確になっていない。これほど理不尽なことはない。

震災で福島県民は

警察庁が２０１２年11月７日現在の被害状況として発表した表1を見ると、福島県における被害の大きさや特徴がわかる。人的被害では宮城・岩手についで３番目であるが、建物被害では宮城の次の２番目となっている。

そして他の県と決定的に異なるのは、福島第一原発の爆発事故による放射能汚染の被害である。

避難者は今

復興庁の２０１２年10月10日の発表によれば、震災直後に約47万人いた避難者は、減少したといってもまだ表2のように全国で32万６，８７３人もいて、その場所は全国の47都道府県にある１，２２４もの市区町村に及んでいる。

なお県外に避難している人は、岩手県から約１，６３７人、宮城県から約８，０３５人、福島県からは５万７，３７７人と、圧倒的に福島が多い。これはもちろん放射能汚染によるもので、いかに原発事故が大きな人災を引き起こしているのかよく分かる。

つまり被災者の支援は、東北の被災地だけでなく、北海道から沖縄までの全国において求められている課題でもある。詳しくは資料１（Ｐ・２８４）にある復興庁発表の２０１３年１月17日現在の都道府県毎の施設別避難者数を参照してほしい。これによると埼玉県

床上浸水	床下浸水	一部破損	非住家被害	道路損壊	橋梁被害	山崖崩れ	堤防決壊	鉄軌道	災害種別／都道府県	
戸	戸	戸	戸	箇所	箇所	箇所	箇所	箇所		
329	545	7	469						北海道	
		958	1363	2					青森	東北
1761	323	8784	4909	30	4	6			岩手	東北
15475	12894	224262	26603	390	12	51	45	26	宮城	東北
		3	3	9					秋田	東北
				21		29			山形	東北
1061	338	162380	1116	187	3	9			福島	東北
		4847	1101	295	55	6			東京	
1798	778	183132	19161	307	41				茨城	関東
		72143	295	257		40		2	栃木	関東
		17246		36		9			群馬	関東
	1	1800	33	160					埼玉	関東
157	728	52026	660	2343		55		1	千葉	関東
		445	13	162	1	3			神奈川	関東
		17	9						新潟	関東
		4							山梨	関東
									長野	関東
	5	13	9						静岡	関東
				1					岐阜	中部
2			9						三重	中部
2	9								徳島	四国
2	8								高知	四国
20587	15629	728067	55753	4200	116	208	45	29	合計	

出典：警察庁緊急災害警備本部　広報資料（平成24年11月7日）

表1　平成23年(2011年)東北地方太平洋沖地震の被害状況

都道府県＼災害種別		人的被害					建物被害				
		死者	行方不明	負傷者			全壊	半壊	流失	全焼	半焼
				重傷	軽傷	合計					
		人	人	人	人	人	戸	戸	戸	戸	戸
北海道		1			3	3		4			
東北	青森	3	1	24	85	109	308	701			
	岩手	4671	1194			202	19199	5039		15	
	宮城	9530	1359			4140	85315	151736		135	
	秋田			4	8	12					
	山形	2		8	21	29	37	80			
	福島	1606	211	20	162	182	21029	72061		77	3
東京		7		20	97	117	15	198		1	
関東	茨城	24	1	33	676	709	2620	24143		31	
	栃木	4		7	127	134	260	2109			
	群馬	1		13	25	38		7			
	埼玉			6	36	42	24	199			1
	千葉	20	2	26	226	252	799	10024		15	
	神奈川	4		17	117	134		39			
	新潟				3	3					
	山梨				2	2					
	長野				1	1					
	静岡			1	2	3					
中部	岐阜										
	三重				1	1					
四国	徳島										
	高知				1	1					
合計		15873	2768			6114	129606	266340		279	

は、避難所が146人で、住宅等が3，942人の計4，088人となっている。ただし避難者数のデータは、行政による把握の方法の違いや、自主避難者の扱いなど避難者の定義に統一性がなく、実態とのズレが生じて現実にはもっと多い数となっている。

施設別にある唯一の避難所は、埼玉県加須《かぞ》市にある旧騎西《きさい》高校で、当初は1，400名ほどいた場所である。その他の親族や知人宅にいる全国の避難者は、1年7カ月が過ぎても1万6，302人もいる。いくら身近な親族や親しい知人といっても、これだけ長期に暮らすとなると、お互いに心身のストレスが高まっている人も多いことだろう。

そして公営・仮設・民間・病院を含む住宅等において、その内訳は同じ復興庁の発表によれば表3である。

一番多い民間住宅は、別名が「借り上げ住宅」で、学校などに近い場所が多く、また広い部屋などもあって子どものいる家族などが多く利用している。ただし、家賃の補助は一定の額で打ち止めとなり、それ以上の差額は自己負担となるし、点在していることが多くて、被災者同士で行き来することは少なくなる。このため独居の高齢者などは孤立化する危険性があり、良かれと思って民間住宅に入ったが、知り合いが近くにいないので、仮設住宅に移る人もいる。

それに比べると仮設住宅は、かつての町村で移っていることが多く、知り合いが身近に

表2　所在都道府県別の避難者等の数(平成25年1月17日現在)【概要】
(下段のカッコ書きは、前回(平成24年12月6日現在)からの増減数)(復興庁)

(単位：人、団体数)

所在都道府県		施設別 A 避難所(公民館、学校等)	施設別 B 旅館・ホテル	施設別 C その他(親族・知人宅等)	施設別 D 住宅等(公営、仮設、民間、病院含む)	計	(前回との差)	所在判明市区町村数
北海道		0	0	559	2,407	2,966	(－15)	91
東北	青森県	0	0	505	659	1,164	(－34)	24
	岩手県	0	0	338	40,385	40,724	(－902)	(※1)27
	宮城県	0	0	1,042	109,018	110,060	(－1,948)	(※1)35
	秋田県	0	0	486	794	1,280	(－27)	20
	山形県	0	0	583	9,604	10,187	(－506)	34
	福島県	0	0	－	97,271	97,271	(－964)	(※1)48
	新潟県	0	0	336	5,670	6,006	(－193)	(※1)30
関東		146	0	8,114	25,323	33,583	(－503)	(※1)374
東海北陸		0	0	632	2,257	2,889	(－9)	112
近畿		0	0	1,304	2,911	4,215	(　0)	138
四国		0	0	606	1,370	1,976	(＋9)	74
中国		0	0	268	264	532	(－4)	47
九州・沖縄		0	0	693	2,807	3,500	(＋16)	164
合　計		146 (－13)	0 (　0)	15,466 (－760)	300,741 (－4,307)	316,353	(－5,080)	1,218 (－6)

【注】(※1)当該欄の数値以外に、避難者が所在する市区町村があり得る場合を示している。(※2)自県外に避難等している者の数は、福島県から57,377人、宮城県から8,035人、岩手県から1,637人となっている。

表3　仮設住宅等の入居状況

	入居者数	入居戸数	備　考
公営住宅等	30,082人	10,790戸	全国計
民間住宅	156,272人	61,241戸	全国計
仮設住宅	112,330人	48,310戸	岩手県・宮城県・福島県・茨城県・栃木県・千葉県・長野県

厚生労働省調べ(2012年2月25日現在)

表4　埼玉県の生協の概要（2012年3月末）

NO	生協名	組合員数：人	2011年度事業高：億円
1	生活協同組合さいたまコープ	87万8931	1080.1
2	生活協同組合パルシステム埼玉	16万1301	243.6
3	生活クラブ生活協同組合	2万9048	86.7
4	埼玉県勤労者生活協同組合	5万9229	3.1
5	医療生協さいたま生活協同組合	23万5074	191.1
6	埼玉県労働者共済生活協同組合（全労済）	67万8093	(184.2) ＊契約高
7	さいたま住宅生活協同組合	2万3136	7.5
8	子どものその保育生活協同組合	1160	1.6
9	生活協同組合・さいたま高齢協	974	1.3
10	生活協同組合連合会コープネット事業連合	(8会員)	(3363.9)
11	花菱縫製生活協同組合	760	0.2
12	埼玉大学生活協同組合	1万1908	13.0
13	大東文化学園生活協同組合	1万1601	5.5
14	跡見学園女子大学生活協同組合	4492	2.0
15	淑徳大学みずほ台生活協同組合	1742	1.2
16	十文字学園生活協同組合	3042	1.6
17	＊準会員　東都生活協同組合	(23万1292)	(340.9)
	計	209万9614	1638.5

いて安心感は高く、また家賃はかからないので経済的には助かる。しかし、部屋は狭く、かつ部屋数も少ないし、長屋式で壁が薄くて隣の音声が流れる不便さはあり、活発に動いたり声を出す子どものいる若者の家族は不便である。また安い素材で建てている仮設住宅の耐久年数は短く、最長でも3年の入居しか認めてないところもあり、住み慣れたときにまた転居しなくてはならず心配することが続く。

こうした被災者に対して、全国各地で創意工夫した温かい支援が続いている。ここでは、そうした一つとして埼玉県に基盤を置く「さいたまコープ」などの生協が、協同を大切にして県内と主に福島県へ支援している実践を紹介し、全国での支援の輪の拡がりや、さらにはコミュニティを大切にした地域づくりにつなげたい。

埼玉県の生協は

埼玉県生活協同組合連合会（埼玉県生協連）に加盟している団体の概要は、２０１２年３月末現在で表４となっている。なお計には埼玉県下における実態により近い数字とするため、コープネット事業連合と東都生活協同組合を加えてない。

医療生協や全労済の組合員は、ほぼ地域生協と重複していると予想できるので、表４の地域購買生協である１～３までの３生協の計を算出すると１０６万９，２８０人となり、県民世帯の２８８万４，２８９に対して37・１パーセントとなる。

全国の地域生協における世帯加入率が２０１２年３月現在36・７パーセントであり、埼玉県における生協の組織率はほぼ全国の平均であるが、規模は小さくても勤労者生協・住宅生協・保育生協のように、他県では珍しい生協がいくつかある。それだけ協同を大切にする市民意識の高い人が、埼玉県には多いと言えるのではないだろうか。

第2章

埼玉から南相馬へ笑顔つなげて

震災の発生した二〇一一年度にさいたまコープは、コープふくしまを手助けして南相馬市での支援活動を展開した。

くるくるマフラー作り

「はい、こうして棒にくるくると毛糸を巻いていきますよ。少しするとこうして紐《ひも》の方へずらして、またくるくると巻いていきます。それを何回も繰り返して、好みの長さにまでなれば、紐の両端を結んで完成です。簡単でいいでしょう」

糸足の長いカラフルなふわふわの毛糸を使い、くるくるマフラーの作り方の実演と説明があり、いくつもの完成品も見せていた。

「簡単ね。私にもできそうだわ」

すぐに参加者は、テーブルの上にある材料に手を出して作業を始めた。

やがて完成したマフラーを自分の首に掛け、隣の人に自慢したりしていた。

「温かいので、寒いときには使えるね」

「孫の分も作ろうか」

くるくるマフラーを手にして、それぞれの会話がはずんでいた。

２０１１年12月のある日であった。福島県南相馬市にある仮設住宅で、さいたまコープはコープふくしまと共催し、大人向けの「ふれあいひろば」を開催していた。南相馬市の鹿島ボランティアセンターから、「すべての世代が参加できる場、親子で参加できる場」づくりへの協力依頼に応え、市内の仮設住宅で毎月２回開催している。この日は小池長沼

南相馬市ふれあいひろば。(さいたまコープ提供 2011年10月15日)

応急仮設住宅の集会所で、組合員などのボランティアと職員の6人が参加した。

コープふくしまの皆さんによる「くるくるマフラー」作りをしながら、コーヒーやお茶や菓子などを口にしつつ、ゆっくりとおしゃべりをしていた。簡単に作ることができ暖かい「くるくるマフラー」は、その後に材料を買いに出かける人もいるほど好評だった。

「みんなで手を動かしながら話ができるのは、嬉《うれ》しいですね。こうした機会があるとふさいだ気持ちがまぎれます」

参加者からの感想であった。

同時に開いた子ども向けの「あそびのひろば」では、埼玉県学童保育連絡協議会の呼びかけで、ボランティアに協力してくれた指導員4人と、子育てサポーター1人の計5人が出かけ、子どもたちはベーゴマやボール遊びや工作などを楽しんだ。

ふれあい喫茶やあそびのひろばに39人が参加して楽しみ、また北海道にあるコープさっぽろの組合員によるボランティアグループ「温もり届け隊」による、手編みの靴下カバーも希望者は手にしていた。

ちぎり絵やかるたも

２０１２年３月上旬には仮設住宅の２カ所で、さいたまコープの組合員や職員などのボランティア９人が、コープふくしまの組合員と協力して、「ふれあいひろば」と「あそびのひろば」を開催し、37人が訪れて楽しんだ。

ふれあい喫茶では、ボランティアと一緒に折り紙やちぎり絵などをしながら、コーヒーやお茶と菓子でゆっくりとおしゃべりをした。参加者からは、「久しぶりに時間を忘れて楽しむことができました」などの感想があった。

あそびのひろばで子どもたちは、けん玉や積み木やビーズアクセサリー作りなどを楽しんだ。

２０１２年３月下旬には2カ所の仮設住宅で、さいたまコープの組合員や職員などのボランティア８人が、コープふくしまと協力して「ふれあいひろば」を開催し、約40人が訪れて交流を楽しんだ。

ふれあい喫茶では、ボランティアと共にフェルト細工や「かるた」をしながら、飲み物とお菓子などでおしゃべりをした。

参加者からの感想である。

「かるたは昔を思い出して、とても楽しかった。こんなに笑ったのは久しぶりです。すっきりしました」

あそびのひろばで子どもたちは、すごろくや折り紙や屋外でのドッジボールなどを楽しんだ。

南相馬市の被害は

10メートルを超える津波が福島県の浜通りを襲い、２０１２年11月14日現在の南相馬市の被害は、福島県や復興庁のホームページのデータによると下記のとおりである。

直接死５２５人、災害関連死３６１人、死亡届１１１人、死者数の合計９９７人（全人口７０，７７２人対比で１・４パーセント）。

行方不明者数０。

住宅や建物被害（全壊数＋半壊数）：7，６７７（全世帯数２３，６５３対比で32・５

パーセント）。

仮設住宅建設戸数：２６６５／２８５３（完成度93・４パーセント）

仮設住宅建設箇所数（団地数）：28

こうした被災地へ、全国からたくさんのボランティアが駆けつけ、がれきの撤去や家屋の清掃などもした。

さいたまコープから笑顔をつなげて

さいたまコープでは、２０１１年５月５日から２０１２年３月24日までの毎週木・金・土曜と現地に出かけ、延べ47回で１９９人の職員がボランティアで参加し、がれきや土砂の除去、さらには流失品の洗浄や物資の仕分けなどをした。

参加した職員の感想である。

本当に助かっている：直原幸緒（北本《きたもと》センター）

２０１１年９月31日から３日間参加し、作業は主に津波で流されてしまった写真の清掃と、その写真を持ち主に返すための展示施設に届ける2つだと説明がありました。しかし、その日はその作業と別に、仮設住宅に配布する布団を一時保管場所へ搬入する作業が入り、私たち男性は体力を必要とするそれに応募しました。中学校の体育館へ大型トラックが布団を搬入し、降りてくる5組ひとまとめの布団を積み上げ、お手伝いが大勢集まったので予定時間の4分の1で終了しました。

地元の方たちが、「ありがとう、ありがとう。これ飲んで食べてください」と、ケースごと冷やしたペットボトルのお茶や、1人ずつのお弁当まで用意してくれました。ありがたくて申し訳なく、複雑な気持ちになり、地元の方に「私たちは手弁当で来ていますから、そんなにお気遣いしないでください」と言ったところ、「いいや、本当に助かっているよ。もうずっとみんなに助けてもらってありがたい」と、にっこりと答えてくれました。

持ち主の手に戻って‥加茂雅之（朝霞《あさか》センター）

2011年8月の終わりに参加し、初日は田んぼの側溝の泥かきでした。とても力のいる作業で、20名くらいの人員で一日がかりでしたが、100メートルくらいしか進むことが出来ず、見渡す限り同じ状況がどこまでも広がっています。泥の中から思い出の写真や、洋服やバッグなどいろいろな生活用品が出てきました。

「誰の物なのだろう?」

「持ち主の元に戻ると良いな」

泥かきをしている周囲の人と話しました。ここの写真に写っている方は、今はどこでどうされているのか。手元にある写真では、楽しそうに笑顔で写っているのです。ひどく心が痛みました。

2日目は、写真を含めて流出品の洗浄をし、出来るだけ綺麗《きれい》にして持ち主にお返しするのです。写真はふやけてしまったり、くしゃくしゃになってしまっているのですが、1枚1枚の泥を洗って綺麗にして展示します。地味な作業で、こつこつと続けました。

「綺麗になった写真は、絶対に持ち主の手に戻ってほしい」

作業した全員が、そんな気持ちで作業をしていました。

恵まれた環境でボランティア：岸 千里（川口センター）

ボランティア活動には、地元の年配の方や愛知県から50CCのバイクで駆けつけた2名の若者もいれば、青森から1人で車に乗ってやってきた若い女性もいました。本当にこの方たちは凄《すご》いなと、素直に感動しました。私は職場から参加させていただき、その方たちとは違い恵まれた環境でボランティアしているので、こういった復興支援のできることが、さいたまコープの本当に良いところだと感じました。

ボランティアの作業は流出物の洗浄でした。がれきやヘドロの中から掘り出された写真や洋服やランドセルなど、いろいろな物をブラシや雑巾で丁寧に汚れを落とし、持ち主の手元に戻す作業でした。実際に持ち主がいらっしゃるかどうかもわからないので、「本当に役に立っているのかな？」とも感じました。その日の気温は34℃中で、帽子、長袖、長ズボン、長靴に防塵《ぼうじん》マスク、ゴム手袋の格好で作業をしていたため、熱で倒れそうになりました。

しかし、そんな中でボランティアに参加した方と話をし、被災地の地元の方から津波が襲ってきたときの様子も聴きました。一緒に作業することで温かい絆のようなものを感じ、自分にとっても良い経験になりました。

精一杯生きることを…菅野　淳（久喜《くき》センター）

生まれてこの方、ボランティアに参加したいと思ったことはあっても、実際には一度も参加したことはありませんでした。私が担当したのは、救援物資を必要とされる方に渡すことでした。布団を渡すと、「これから寒くなるのに、家族の人数分の布団がないから、できるだけ暖かそうな物をください」と言われます。

しかし、相手が選んで渡すことは決まりで出来ません。本当にまだ厳しいと実感しました。2日目は流出物の洗浄で、泥まみれになった思い出の詰まった品々を見ると、本当に

福島への支援に出発。(さいたまコープ提供 2011年3月28日)

自分は恵まれていると感じました。そして改めて、毎日時間を無駄に過ごしていないかとも反省しました。

そして私は考えました。被災地の方たちは、仕事をしたくても出来ません。私に出来ることは、時間を無駄にしないで精一杯生きることです。だらだら生活することは、被災地の皆さんに最大の失礼です。仕事もそれ以外の時も、精一杯生きる事を心がけたいと思います。

他人に優しく…宮下久代（秩父《ちちぶ》センター）

２０１１年11月24日から11月26日に参加し、私たちは五人で流失物の洗浄ボランティアにつきました。最初は話などをしながら作業をしていたのですが、写真や登記簿、遺書、日記などがあり、少しずつ現実に起こったことに触れていきました。やりきれない実感というか、そういった空気の中で作業を進めました。３日目の午前まで洗浄の作業をし、午後は生協が開催していた「ふれあいひろば」を訪ねました。地元の方々に触れ、皆の優しさに感動しました。

「もしも私が被災して仮設住宅に住み、身内を亡くしてしまったときに、この皆さんのように、他人に優しく接することができるのだろうか」

ふと考えてしまいました。

継続的な支援：深澤佳子（久喜センター）

２０１１年12月１日から３日まで参加し、津波被害を受けたハガキや手紙などの洗浄作業をしました。一家族ごとにまとめられた年賀状や手紙の束からは、この方たちの安否や現在の状況をうかがい知ることはできません。でも、どこの家にでもあった日常が、あっという間に断ち切られた瞬間が、このハガキの束に泥となってこびりついています。黙々と作業を続けるボランティアの一人ひとりが、重い現実を感じとっているのがわかりました。いつかこのハガキの持ち主たちが、これらを見つけて喜ぶことを願ってやみませんでした。

その後、「仮設住宅内での孤立を防ぐつどい」のチラシを、仮設住宅に配りました。暗くて寒い中でしたが、声かけをすると皆さんが快く玄関を開けて、話を聞いてくださいます。この方たちに、無理のない継続的な支援ができないものかと、あらためて考えさせられました。まずはボランティアに参加した人が、語り継ぐことや忘れないことが大切で、一刻も早く経済的に自立出来るように、この地域の産業を支援することです。手始めに私たちが出来ることは、商品を一点でも購入することでしょうか。

そうは言っても先の見えない原発の不安を、まだまだ引きずっているこの地を応援するのは容易ではなく、あらためてコープという組織の力が必要になってくると思います。

一日一日を大切に：増野紀之（熊谷《くまがや》センター）

２０１２年１月12日から14日に参加し、特にお子さんが外で元気に遊んでいる姿や、コミュニケーションを大切にする「ふれあい喫茶」へ参加していた高齢者の笑顔に、逆に自分が元気をもらい和ませていただきました。ボランティア活動に参加されている、若さあふれる青年たちの姿も目に留まりました。その積極的な姿に、「彼らと同じくらいの年齢の時に自分は、同じ行動がとれていたのかな」と、照らし合わせていました。その時に改めて助け合い、支え合いながら生きる本来の人間の姿を見ることができ、嬉《うれ》しい思いと同時に安心感を覚えました。

2日目の夕方は海岸線沿いを訪ね、ありのままの被災の現状を見てきました。言葉にならない思いが自分の心にあり、同行した4人もただ黙ったまま見つめるしかありませんでした。いまだに波の音と荒野の風景が、脳裏へ鮮明に蘇《よみがえ》ってきます。この場でどれだけの人が大変なことになったかと想像すると、自分の胸が張りさけそうになりました。

大変な中で暮らす方々のことを思うと、「今の自分はどうなのだろうか」と改めて考えさせられます。仕事をしたくてもできない被災した方々も多く、自分はまだまだ現状の仕事に甘え過ぎていると感じました。今、自分に課せられた業務に全力でぶつかり、一日一日を大切に過ごしていこうと強く思いました。

心の癒やしに：高浜有美（川越《かわごえ》センター）

2012年2月2日から4日まで社会福祉協議会の方と共に参加し、サロンに来た方々に紐を使ったカゴ作りを教えました。参加者は午前が男性7名と女性12名で、午後が男性2名と女性7名の合計28名でした。みなさん福島原発から避難してきた方で、ほとんどが年配の方でした。カゴ作りは初めてなので、不安そうな顔をしていましたが、作り始めると集中して取り組んでいました。男性でも器用な方がいて、一人で黙々と作業をしていました。

出来上がったカゴには、それぞれお土産のお菓子を詰めて持ち帰りました。作り終えた方たちの笑顔を見て、「本当にやってよかった」と思いました。

「今度はもっと大きなカゴが欲しいのだけれど、次はいつ来てくれるの？」

そう言われ返事に困ってしまったこともありました。社会福祉協議会の方は、「サロンに参加する人は、いつも一緒なのでやることも同じになってしまっています。今は炊き出しよりも、何かを教えてもらって作るようなことが求められている」と言っていました。

震災から約1年経った今は、ボランティアに求めらることも、以前とは違ってきていると感じました。ただ単に手伝いに行くというより、もっと何か工夫して心の癒やしになることができればと思いました。

美味しい物と笑顔を載せて‥西田和弘（北本センター）

2012年3月22日から3月24日に参加し、主にサロンでの活動で、血圧測定から始まりゲームや工作をし、現地の方々といろいろなコミュニケーションをしました。始まる前は、「被災者の方からうまく話を聞くことが出来るのだろうか？」と不安でいっぱいでしたが、サロンが始まり5分もせず溶けこむことができました。何故《なぜ》ならお互い笑顔で過ごせて、普段の組合員さんと話している感覚と似ていたからです。

　そして「病院に行き、呼ばれるのに7時間かかった」、「ここの仮設住宅は8カ所目」、「住んでいた地区の73戸中、津波で残ったのは3戸だけ」、「知り合いが地震の一週間前に引っ越してきて、家が流され二重ローンになった」などなど、想像もつかない生々しい話もしてくれました。

　ボランティアに出発する前にたくさんの組合員さんから、「現地に行けない私の分もボランティアを頑張ってきて」と言われたので、さいたまコープを代表した気持ちで努力してきました。コープという社会的立場や存在価値は、どこへ行っても共通で受け入れられると実感し、一年間続いたこのボランティア活動を誇りに思います。次はコープデリのトラックにたくさんの美味しい物と笑顔を載せて、サロンでお会いした方や他の仮設住宅へ届けたいものです。

　南相馬市へボランティアに出かけたそれぞれの職員が、貴重な体験や気付きをし、助け合いや生協で働く意欲をより高めている。

第3章

たまり場こらんしょ
福島市と郡山市の仮設住宅支援

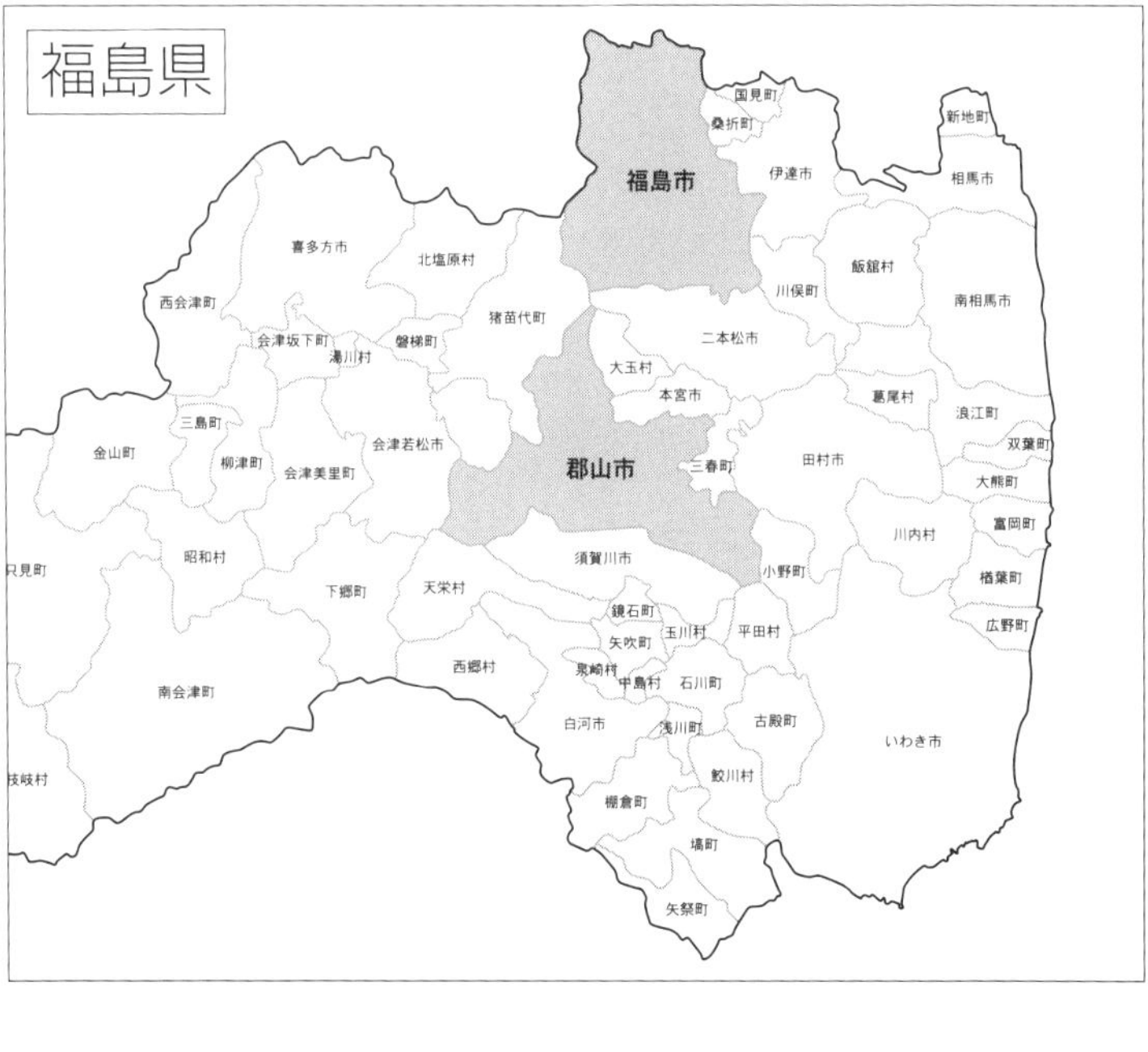

二〇一二年度にさいたまコープは、コープふくしまを手助けして福島市と郡山市の仮設住宅支援を行った。

芋煮で心身を温めて

「できたての芋煮ですよ。熱いですから気を付けてください」

「野菜とお肉もたくさん入っていますからね」

白い発泡スチロールのお椀にたっぷりと入った芋煮を、エプロン姿のボランティア５名が、テーブルに座っている20名ほどの被災者の前まで運んでいた。

２０１２年10月中旬のことであった。福島市北部にある北幹線仮設住宅にある集会所において、コープふくしま主催で、地域の交流の場である「たまり場こらんしょ双葉お茶会」が、さいたまコープからのボランティア４名も交えて開催されていた。集会所内の作業場でプロパンガスを使い、前日から準備していた里芋や大根などの野菜を、２つの大鍋で50人分をグツグツと煮込んでいた。

朝晩が急に冷え込む季節となり、参加者は長袖の上にセーターなどをかけていた。冷えた体に湯気の出ている芋煮が入ると、体中が芯から温かくなる。

私もお椀と割り箸をもらって美味しく頂いた。芋煮を食べると、醤油《しょうゆ》の味と香りが口の中で広がり、里芋だけでなく大根や長ネギや人参なども楽しむことができた。なおテーブルの各自の前には、大きめのおにぎり2個と、コープ商品の浅漬けの素を使い、かぶ・きゅうり・人参・白菜・生姜の入った浅漬け、そして差し入れのあったオレンジ色のミカン

福島市仮設住宅での芋煮会。(2012年10月23日)

が並んでいた。

「体の芯からポカポカしますね」

「皆と一緒だと、食事が美味しくなりますよ」

食べながら会話がはずんでいった。

「お代わりしていいですか?」

男性を含む何人かは、空になった椀を持って鍋の側にやってきた。

「ええ、もちろんですよ。まだいっぱいありますから、遠慮なくたくさん食べてくださいね！」

ボランティアの笑顔の女性が、すぐに芋煮をお玉ですくって入れていた。

仮設住宅では今

食事をしつつ、自治会長の堀井五郎さん

(65歳)から話を聞いた。震災の後に古里の双葉町を離れ、さいたまスーパーアリーナから旧騎西《きさい》高校の避難所へ移り、第2体育館の部屋長としてまとめ役を務め、２０１１年9月から北幹線の仮設住宅へと入った。

「ここには44世帯で80人近くが住み、その約3分の1が一人住まいです。子どものいる若い家族は、学校の近くにある借り上げ住宅を利用しているので、ここは8割が高齢者ですね。病院や駅の近くにある借り上げ住宅を使っていた人で、周りに知り合いがいないので寂しくなり、この仮設に近く引っ越してくる方が何人かいますので、もっと高齢者が増えると思いますよ。テレビと小さなテーブルを置くと、それだけで一杯になる狭い部屋で、考えることは双葉の町に帰ることだけですが、いつになるかまったくわからず不安なままで過ごしています。

そうした中で生協のみなさんが、こうして定期的に来てくれることは、本当にありがたいことで感謝しています。旧騎西高校に避難しているときに、コープさんの週に1回の味《み》噌汁《そしる》がどれだけ嬉《うれ》しかったことか。涙が出るほどでしたよ」

避難しているときに、何度もお湯を注ぐだけのインスタントの味噌汁などを飲んだことはあるが、さいたまコープを中心のボランティアが、だしから丁寧に作ってくれる汁物は、香りや深味があってまるで違うとも堀井さんは言っていた。

心筋梗塞で勤務することの難しい堀井さんは、北幹線の仮設住宅に移ってからも、週に1回は埼玉県加須《かぞ》市にある旧騎西高校の避難所を訪ね、顔馴染みの町長や避難者と顔をあわせていた。２０１２年の春先のことであった。旧騎西高校を訪ねると、さいたまコープの職員に会い立ち話をした。そのとき堀井さんは、福島市の仮設住宅で暮らしており、できれば福島市や郡山市にいる双葉町出身の被災者も、生協が訪ねて交流してもらうことができないかと相談した。

さいたまコープではすぐに内部で検討して、双葉町の被災者がいる福島市の2カ所と郡山市の2カ所の仮設住宅を対象にし、２０１２年3月20日から月1回の訪問活動を開始した。

堀井さんは、被災していても自分たちでできることは積極的にすることをいつも大切にし、自らも率先して実行している。集会所の一角には、木材の板や加工する道具がいくつもあり、集会所で必要なテーブルや棚などを堀井さんが作っているし、その一部は、旧騎西高校の生徒ホールにも運んで活用している。さらには仮設住宅の狭い部屋を効率良く活用するため、小さな棚などを頼まれることもあり、そうしたことにも堀井さんは可能な限り対応している。以前は原発で換気関連の仕事をしていた堀井さんは、木工の技術がそんなにあるわけでなかったが、必要に迫られて自力でマスターしている。

郡山市仮設住宅における焼きそば作り。（2012年6月12日）

カレーうどんを一緒に食べて

２０１２年3月20日の１回目の仮設住宅における交流は、北幹線の集会所でおこなわれた。普段は外に出ず、引きこもりがちな高齢者約30人が集まり、また仮設住宅の周辺にある借り上げ住宅にいる避難者も含め、約70人が交流した。

ボランティアで関わったのは、さいたまコープから９人と堀井自治会長と仮設住宅に住む女性の５人で、混ぜご飯のおにぎりと、旧騎西高校の物資として在庫に余裕のあるレトルトカレーを町から支援してもらい、コープの「冷凍讃岐うどん」とねぎや豆腐を入れてカレーうどんを作った。

「このように、皆が集会所に集まって話すのは初めて」

手伝いをしてくれた女性の声である。

「以前の手芸や健康体操で集まったのは5〜6人だった。やはり食べ物があると、集まりが違いますね」

堀井さんは、一緒に作った料理を皆で食べる楽しさを強調していた。その場には、今年100歳を迎える人がいて、そのお祝いを兼ねて双葉町の町長が来た。突然の訪問に、皆さんは「久しぶり」と喜んでいた。

1時頃までカレーうどんを囲んでのおしゃべりが続き、うどんの余りは希望者が鍋を持ち寄って、来れなかった家族用に分け、後片付けで鍋や備品も皆で洗った。

翌月の4月には、約100世帯の入った郡山市富田仮設住宅にある集会所で、「たまり場こらんしょ双葉」を行い、「カレーうどんを皆で作って食べよう！」と呼び掛け、初めての炊き出し支援でカレーうどんを作った。

このときの手伝いは、主催者のコープふくしま4人、協力団体のさいたまコープ3人、仮設住宅の住人から福島県が委託職員として採用し、仮設の生活サポートをする富田仮設「絆」1人と、仮設住宅の住民有志10人であった。朝から小雨がそぼ降る寒い日だったが、双葉町出身の女性が中心となり「双葉町流の味に！」と腕をふるっていた。

コープふくしまの女性理事より、「仮設住宅でのサロンは何度か開催してきましたが、皆でお昼を作って食べるのは初めてのこと。皆で大きな鍋を使って作り、ワイワイ言いながら食べる食事は楽しいですね！」と挨拶《あいさつ》があった。

仮設住宅の避難者の方の中に、旧騎西高校で暮らしていた方もいて、さいたまコープの職員との再会を喜んでいた。２０１１年秋のコープフェスタで、「相馬流れ山」や「双葉音頭」を披露した双葉町婦人部の方もいて、「毎週木曜日のお浸しが、高血圧の主人には貴重な料理でした」などと話に花が咲いた。

小川自治会長からは、「この集会所に、皆が集まれたことが良かった。遠くから来てくれてうれしいです。これからもよろしくお願いします」とお礼の言葉があり、避難生活を皆で乗り切っていくきっかけとなった。地方紙『福島民報』でさいたまコープの福島県内での活動が紹介され、それを見た方も参加された。次回に向け仮設住宅ＦＭ局で呼び掛けてもらうことにした。

イチゴ大福を作って食べよう

郡山市にある仮設住宅の世帯数１３０のうち、入居世帯がまだ13の日和田仮設において、２０１２年４月26日に、初めての「たまり場こらんしょ日和田」を開催し、住民の約半数が参加して笑顔の輪が広がった。

手伝いは、主催者のコープふくしま2人、協力団体のさいたまコープ2人、仮設住宅5人で、コープふくしまの女性理事が中心になりイチゴ大福作りに挑戦した。男性が多く参加し、初めは楽しんで頂けるか不安だったが、次第に笑顔が広がった。出来栄えは上々で、後の試食も盛り上がった。

参加者からは、「少ない人数ですが、だからこそ日頃からの声かけが必要で、今回は避難生活を皆で乗り切っていくきっかけになった」との感想があった。

いが饅頭も

郡山市富田の仮設入居世帯100の集会所で、2012年5月8日に埼玉名物の和菓子「いが饅頭」を持参して、「たまり場こらんしょ双葉」を開催し、男性5人と女性13人の18人が参加した。ここは主催者側のコープふくしま3人、協力団体のさいたまコープ2人、富田仮設の「絆」1人がサポートした。なお「いが饅頭」とは、饅頭の周りに赤飯を付けて栗のいがのようにしたものである。震災後、埼玉に避難していた双葉の仮設の方より「いが饅頭が食べたい」との希望があり、さいたまコープの職員が準備したものであった。

70歳代の男性からは、「独りでいると、どうにもならないことを繰り返し考えてしまうからダメだ。こうして皆でたわいもないことを話しながら、故郷への思いを話すのがいいんだ。遠くから来てくれてありがとう」とお礼があった。

もう一人の男性からは、「やっぱり戻りたいな。生きているうちが無理なら、たとえ骨になってからでも戻りたい。そういうもんだろ古里は。40歳代位だとそう思わねんだが、年寄りになるとそんな気持ちが強くなるんだ」と話していた。

こうした重い話でも笑いながらしゃべり、同じ仮設住宅で始めて出会った方も多く、これから挨拶のできるきっかけとなった。

福島の地名ビンゴも

8月21日に福島市の北幹線仮設住宅で開催したサロンには、絆2名と避難者15名、コープふくしまから9人、さいたまコープから5人が参加し、コープふくしまとさいたまコープが、活動の冊子や秩父もちを持参して紹介した。

ならコープから寄贈したコープふくしまの移動販売車が、11時頃に仮設住宅へ到着し、必要な人は買い物をした。診察から帰ってきた男性が突然歌わされたり、他の男性による歌と振り付けに大爆笑となったし、皆で「北国の春」などを合唱した。福島の地名ビンゴでも大いに盛り上がり、賞品のコープ商品を喜んでいた。

最後にコープふくしまの宍戸《ししど》義広《よしひろ》常務理事が、「震災で得たものは人と人の絆で、こうして皆さんとも会えたことや、埼玉からわざわざ福島県に来ていただいて、人の温かさを感じることができたことは、本当にありがたいことです。これからも人のつながりを大事にしながら、復興を目指します」と、締めの挨拶をした。

他の仮設住宅でも

他にも以下のようにコープふくしまでは、２０１２年は各仮設住宅において被災者に寄り添った活動を展開している。

①二本松市で「お茶っこ会」を開催し、浪江《なみえ》町から避難されている方の参加もあり喜んでもらった。（４月25日）

②福島市松川町の仮設住宅で、飯館《いいだて》村の避難者を対象にふれあいサロン「お花見」を開催し、愛知県の有限会社小川水産の支援を受けしじみ汁を提供した。（４月28日）

③郡山市富田の仮設住宅で双葉町の避難者を対象に、さいたまコープと連携して「たまり場こらんしょ双葉」を開催し、「食かるた」を楽しんだ。（５月８日）

④大玉村の仮設住宅で「たまり場こらんしょ大玉・お茶会」を開催し、牛乳パックで箸置きづくりと、小川水産の支援を受けてしじみ汁を提供した。（５月９日）。

⑤国見町ふれあいセンターで「ふれあいサロン」を開催し、様々なゲームや歌を皆でお

もいっきり歌うなどして楽しんだ。（5月11日）
⑥郡山市日和田の仮設住宅で、さいたまコープと連携して「たまり場こらんしょ日和田」を開催し、しじみ汁を提供した。（5月19日）
⑦三春町の仮設住宅で箸置きを作った。小川水産から支援を受け、しじみ汁を提供した（5月21日）
⑧郡山市日和田の仮設住宅で、さいたまコープと連携して「たまり場こらんしょ日和田」を開催し、なみえ焼きそばを作りふるまった。（5月26日）
⑨郡山市富田の仮設住宅で双葉町の避難者を対象に、さいたまコープと連携して「たまり場こらんしょ双葉」を開催し、しじみ汁などの炊き出しをした。コープしずおかから寄せられた「吊るし雛《ひな》」を自治会に寄付した。（5月29日）
⑩いわき市の仮設住宅に、コープぐんまから頂いた端布《はぎれ》と、コープしずおかからの「吊るし雛」を届けて交流をした。（5月29日）
⑪大玉の仮設住宅で「たまり場こらんしょ大玉・お茶会」を開催してかしわ餅づくりをし、コープしずおかからの「吊るし雛」を寄贈した。（6月6日）
⑫郡山市日和田の仮設住宅で、さいたまコープと連携して「たまり場こらんしょ日和田」を開催し、コープ商品の試食会をした。（6月9日）

⑬郡山市富田の仮設住宅で双葉町の避難者を対象に、さいたまコープと連携して「たまり場こらんしょ双葉」を開催し、なみえ焼きそばを作り、ふるまった。（6月12日）

コープふくしまとのつながりの輪

こうして原発事故による避難者に寄り添った活動も展開しているコープふくしまに対して、全国の生協からつながりの輪が、表1のように2012年度になって増えている。2013年以降もこうした動きが、ぜひ継続して広がってほしいものだ。

各団体が支援を

さいたまコープだけでなく、コープネットグループの他の生協や労組では、表2のようにボランティアを継続しておこなっている。

被災者に寄り添って

福島に出かけて被災者に寄り添って活動するため、さいたまコープが心得として掲げたのは以下である。

1．笑顔と明るい挨拶は忘れずに。

表1　コープふくしま報告会・学習会等参加と研修会・視察交流等受け入れ一覧（2012年）

月　日	受入・訪問	相手方組織名	目　的
4/23～24	訪問	コープしずおか	取り組み報告会と組合員理事との交流
4/24	受入	CO・OPとやま	支援金贈呈と交流
5/1	受入	ならコープ	支援金贈呈と除染活動の視察
5/8	受入	富山県生協連	福島県連での報告会と交流
6/21～22	訪問	北海道生協連	総会での挨拶
6/24～26	訪問	コープおおいた	総代会での挨拶・支援金贈呈と総代会後の報告会
6/29	受入	コープみえ	応援カレンダー、応援メッセージ集の贈呈
7/2	受入	コープながの	灯油会の研修会
7/19	訪問	コープぐんま	コープふくしまの組合員の声を聴く会
8/2	受入	大阪よどがわ市民生協	コープふくしまの取り組みの報告と交流
8/4～5	参加	6生協・事業連が応援参加	ふくしまキッズ博参加
8/20	受入	長野県生協連	視察研修
8/29～8/30	受入	コープおおいた	社内研修の説明と被災地視察
9/1～9/2	受入	神奈川県生協連	役員視察研修会
9/4	訪問	福島医療生協	食事調査に関する学習会
9/10	訪問	コープとうきょう	学習会へ日野理事パネリスト参加
9/20～9/21	受入	コープおおいた	視察、福島連絡協議会、子ども保養支援シンポ参加
9/25	訪問	福島医療生協	食事調査に関する学習会
10/8～10/9	受入	生協ひろしま	お好み焼き隊による仮設での振舞い
10/13～14	訪問	さいたまコープ	コープフェスタで支援活動報告
10/18～20	受入	生協ひろしま	被災者訪問活動同行・懇談・交流、他
10/20～21	訪問	鳥取県生協虹の会	20周年記念講演会
11/8～10	受入	こうち生協	お取引先を主とした研修
11/14	受入	コープぐんま	仮設住宅での交流と買物支援
11/15～16	受入	コープしずおか	交流および被災地視察
11/26～27	受入	富山県生協	組合員との交流と被災地視察
12/1～2	訪問	コープおおいた	60周年記念企画生産者交流会での報告会・座談会
12/12	訪問	日本生協連	西日本の震災支援交流会（岡山）

表2　コープネットグループや労組による支援（2012年）

<table>
<tr><th>派遣コーディネート</th><th colspan="2">派遣先</th><th>派遣期間</th><th>ボランティア内容</th></tr>
<tr><td rowspan="2">ちばコープ</td><td colspan="2">千葉県
旭市飯岡仮設住宅</td><td>①5月30日（水）
②6月27日（水）
③7月25日（水）</td><td>ふれあい広場（茶話会）の開催事務局として、ふれあい喫茶運営の手伝い。（被災者の話し相手等）※日帰りとなります。</td></tr>
<tr><td colspan="4">①各4～5名のボランティアを募集します。
②組合員ボランティアとともに運営をおこないます。
③上記以外の開催日程については、決まり次第ご案内させていただきます。</td></tr>
<tr><td rowspan="3">さいたまコープ</td><td colspan="2">①旧騎西高校での炊き出し</td><td>①毎週木曜
②5/12、6/9、7/14、8/11、9/8</td><td>登録ボランティアを募集しています。</td></tr>
<tr><td rowspan="2">②郡山市内で仮設住宅での触れ合い広場</td><td>富田</td><td>5/8、5/29、6/12、6/26、7/10、7/24、8/7、8/21、9/11、9/25</td><td rowspan="2">「お味噌汁づくり」をおこないながら、定期的に顔を見せあう場の提供をおこないます。
味噌汁づくりや運営のお手伝いをしていただきます。</td></tr>
<tr><td>日和田</td><td>5/19、5/26、6/9、6/23、7/14、7/28、8/11、8/25、9/1、9/29</td></tr>
<tr><td>コープとうきょう（東災ボ）</td><td colspan="2">宮城県南三陸町の仮設住宅</td><td>①6月1日（金）～4日（月）
②7月13日（金）～16日（月）
③8月24日（金）～27日（月）</td><td>各週5名の支援者を炊き出しや、ふれあい喫茶運営の手伝い。（被災者と直接会話するなどのボランティア活動）</td></tr>
<tr><td>コープネット事業連合</td><td colspan="2">宮城県東松島市
鷹来の森運動公園仮設住宅
グリーンタウンやもと第1仮設住宅</td><td>第1、第3の日曜日～月曜日
※グリーンタウンやもと第1仮設住宅だけの参加も可。</td><td>日曜日の午後に鷹来の森運動公園仮設住宅でのふれあい喫茶を開催し、月曜日の午前にグリーンタウンやもと第1仮設住宅でのふれあい喫茶を開催します。出発は日曜日となります。</td></tr>
<tr><td>コープネット労働組合</td><td colspan="2">岩手県陸前高田市</td><td>①4月28日（土）（27日前泊）
②5月12日（土）（11日前泊）</td><td>瓦礫の撤去・運搬、泥出し、地域のコミュニティ場所整備等</td></tr>
</table>

2．楽しくお話しする事を心がけ、無理強いや自分の正しさを押し付けることはしません。

3．要望などを受けた場合は、その方のお名前や連絡先等をお聞きし、事務局につなげます。但し、安請け合いはしないようにします。要望を受けるだけではなく、解決の方法をアドバイスしたり被災者を励ますことで、住民自らが解決する事につなげましょう。

被災者が自分の足で自立していかれるよう、私たちは〝寄り添う〟という事を忘れずに、短い時間ですが私たち自身も楽しみながら会に参加し運営しましょう。

その後さらに、福島へボランティア参加するにあたっての目的として職員に示したのは、以下の2点である。

①仮設住宅でお住まいの方々が孤独死などといわれるような状況から、部屋から出てきて少しでもコミュニケーションのできる機会を作り、住んでいる方々が会話をできるようにする。

②さらに、コープふくしまが支援している様々な活動をバックアップし、福島県の復興を支援する継続的な取り組みとしていく。

この姿勢は今も続き、さいたまコープはコープふくしまの取り組みをサポートし、福島県で暮らす避難者も元気付けている。

第4章

メッセージは宝物

被災地の生産者・メーカー支援

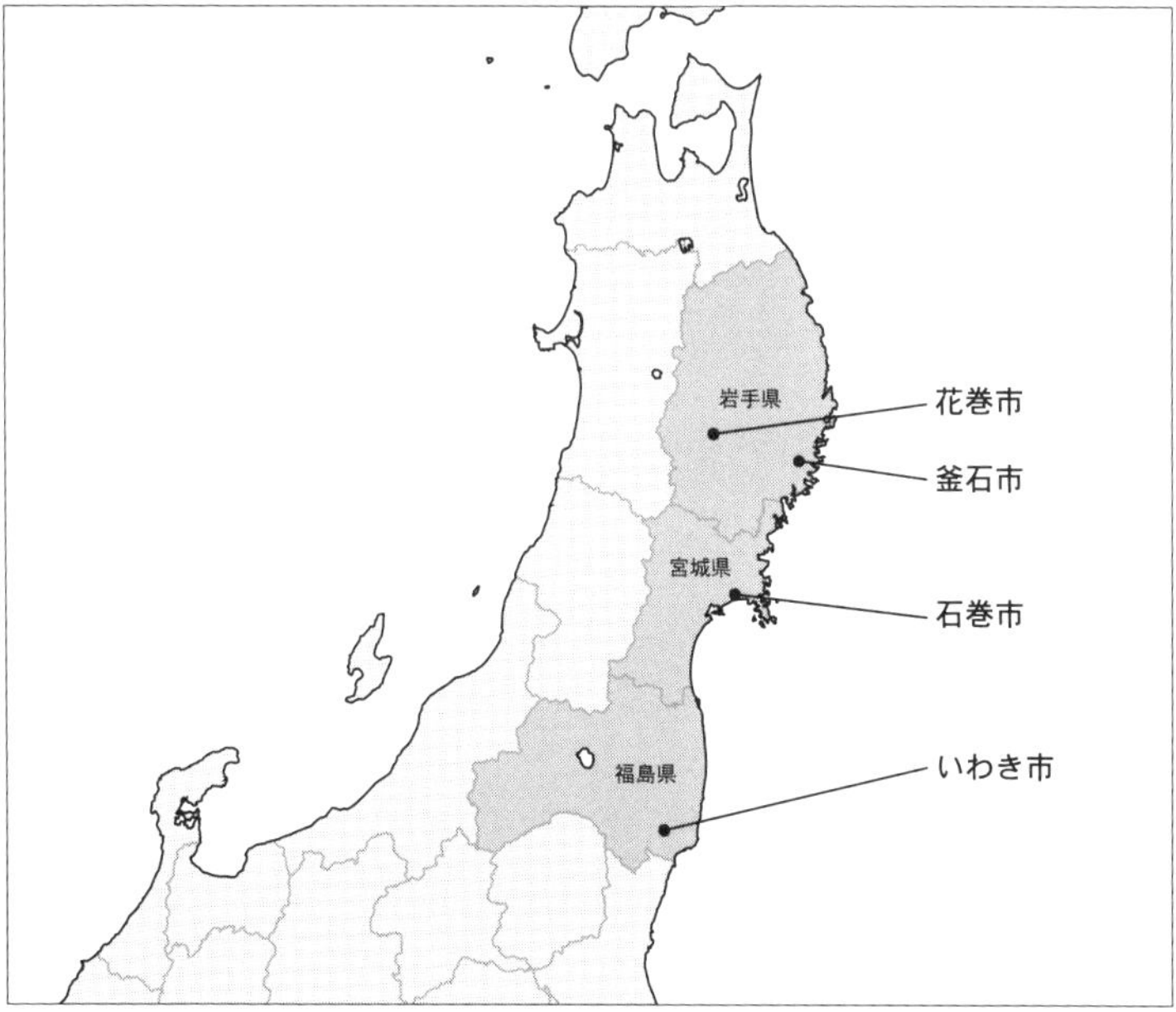

さいたまコープでは、岩手県・宮城県・福島県の被災地にある生産者やメーカーを訪ね支援している。

「皆さんのメッセージを宝物に」

さいたまコープでは、被災地の生産者やメーカーを支援するため、その商品を積極的に利用すると同時に、組合員と役職員が一緒に現地を訪ねて、激励もしてきた。

２０１１年７月12日と13日には、コープネットグループの他生協の方々と一緒に、さいたまコープの組合員理事と役職員の５人が、岩手県の「お米育ち豚」と「三陸産生わかめ」の生産者を訪問した。

まず７月12日には、お米育ち豚のＪＡいわて花巻《はなまき》、岩手畜産流通センター、ありす畜産、北日本くみあい飼料による協議会の総会会場を訪問し、組合員からの応援メッセージ３２２通を届けて激励した。生産地は内陸にあって津波による直接の被害はなかったが、多くの飼料会社の工場は海外からの輸送に便利な三陸の海岸にあり、これらが被災したので飼料の確保で混乱していた。

関係者から、「たくさんのメッセージをいただいて感激です。こんなにも『お米育ち豚』を、待っていてくださる皆さんのいることが大きな励みです」など、感謝の言葉があった。

翌13日は、「三陸産生わかめ」を生産している唐丹《とうに》町漁業協同組合を訪問し、組合員からの応援メッセージ３７３通を届けて交流した。

生産者からは、「さいたまコープの皆さんのメッセージを読むと、一日も早くわかめを

被災地メーカーお見舞いで山菱水産へ。(さいたまコープ提供 2011年7月21日)

出荷したいと奮い立ちます。でも、厳しい現実を前に、くじけそうになることも多いです。皆さんからのメッセージを眺めながら、一歩ずつ進んでいきます」などの感謝の言葉があった。

　こうして、さいたまコープの通常総代会をはじめ、さまざまな場で組合員から預かった応援メッセージ６９５通を届け、一日も早い復興に向けて今後も支援を続けることを伝え交流した。

メッセージは一生の宝物

　２０１１年７月21日に、さいたまコープの組合員理事と役職員の６人が、福島県いわき市にある水産品加工の山菱《やまびし》水産株式会社を訪問したときのことである。組合員から預かった応援のタペストリーやメッセージ集を届け、一日も早い復興に向け、今後も支援を続けることを代表が伝えたとき、受け取った山菱水産の村山雅昭社長が頭を下げながらお礼を話していた。

参加した理事の小田好美さん（52歳）の感想文である。

「山菱水産を訪問して

いわき市の水産加工会社山菱水産に、東日本大震災のお見舞いに伺いました。山菱水産は、学習会やコープフェスタなどを通して組合員にとって馴染深い生産者であり、組合員からの希望で訪問が実現しました。

海の近くの中之作《なかのさく》工場は、建物は残っていても内部は壊滅状態で、巨大な機械が無残になぎ倒され津波の恐ろしさを見せ付けられました。

『放射能の不安や福島へ抱くイメージを考えると、自分達から来てくださいとは言えませんでした。でもこうして来ていただいて本当に感謝しています』

山菱水産の社長の言葉は、事業と活動のある生協として、私たち組合員も、生産者を応援をしていきたいという思いを強くしました。山菱水産の方たちは、私たちが届けた組合員からのメッセージを、一つひとつ丁寧に見ながら、『一生の宝物です』と言ってくれました。直接顔を合わせてお話を伺い、被災地の状況を見ることができ、生産者と生協や組

図1　訪問先6社の位置と被災の概要

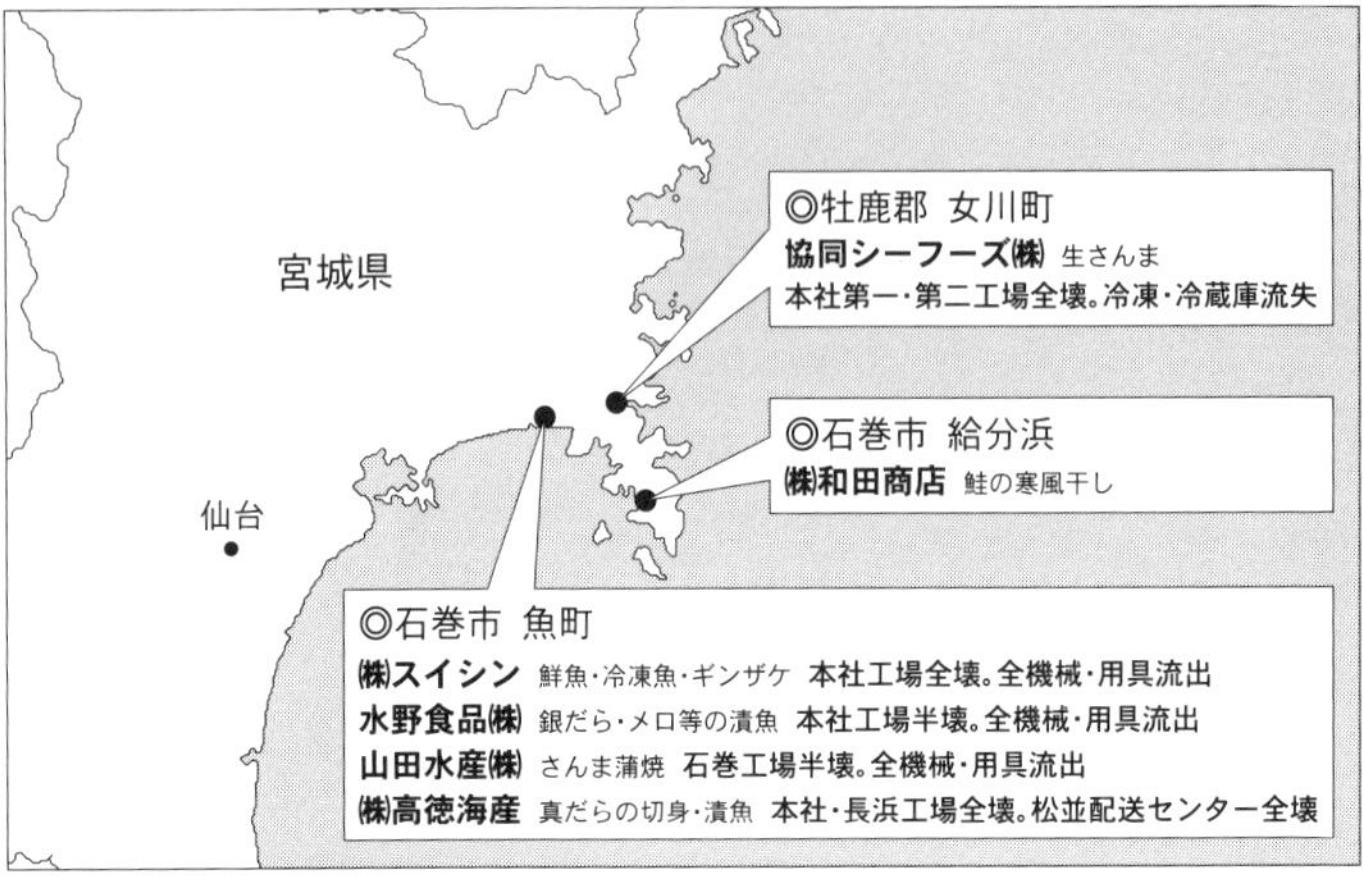

合員のつながりを実感できる有意義な訪問でした」

大変な被災地に自らの足を運んだ小田さんは、生協の役割を再認識している。

「とにかく前へ進んでいく」

２０１１年11月１～２日にさいたまコープは、宮城県の被災した水産加工会社６社を訪ねて激励した。図１は、その６社の位置と被災の概要である。

以下は、訪問したコープデリ宅配事業部の和田康恵さんのレポートである。

水野食品株式会社

12月の２回目の週でお薦めした「銀だら西京漬」の組合員さんからの応援メッセージと、センター職員からの応援メッセージの色紙のお届けと、取り組みの報告に伺いました。工場は1階部分が全て流されてしまい、2階部分が残った半壊状態だったそうです。幸い2階に残った設備が無事だったこともあり、早い時期に再開できました。

水野茂専務は、次のように力強く語ってくれました。

「震災当初は、ライフラインや建築資材がないなどの問題もあり、不安がいっぱいありました。組合員さんや生協職員の皆さんからの、励ましや義援金をいただき、必要な備品などを購入することができ本当に感謝しています。原料の仕入れ、そして下ごしらえから包装工程まで、工場で一貫した作業をするコンセプトは守り続け、2年後には震災前に着工していた工場増設を完成させ、第一工場も新築してさらに倍増したいと考えています。将来的には、銀だらやメロといった人気のある魚の漬魚を多く作る予定です。

水野食品は、生協の組合員さんに育てていただいた会社です。工場を再開しても商品を納品させていただけるのか不安でしたが、組合員さんが商品を待っていてくれるとのメッセージをいくつももらい安心しました。また震災直後からの職員さんの支援によって、チャンスがあると思えたし、それが希望となりました。モチベーションを持ち続けられたのは、生協さんのおかげです。組合員さんのご要望をこれからも取り入れ、よりよい商品を作っていきます」

工場見学もさせていただき、衛生的な工場で人の手によって丁寧に作っていることを改めて知る機会となりました。

株式会社スイシン

「現在は、ビルの2階にある仮設の事務所のみで稼動しています。75名いた社員は、現在14名で復興に向けて取り組んでいます。震災が発生した時、始めて『神様はいない』と思ったくらい悲惨な状況でした」

震災時の状況のビデオを見せてもらいながら、話していただきました。

「これまで働いていた皆のためにも、1日も早く復興したいものです。良い商品を作るには、最終的には人の手と人の目です。魚を切る作業だけは、人それぞれの会社の形があり、機械ではできません。再開したら、今までのノウハウ以上に使える工場にし、小さくとも中身の濃い設備で、これまで以上に良い商品を組合員さんへ届けます。震災は過去のこととして、未来に向かって前へ進んで行きたいものです」

株式会社和田商店

幸い工場は津波による浸水はありませんでしたが、電気などのライフラインが途絶えてしまい、従業員は震災の影響で出勤できない状況でしたが、9月からようやく再開できました。震災の影響で養殖していた銀鮭《ぎんざけ》もだめになり、ようやく11月より順調に生育しているとのことです。

「色紙をもらったのは初めてで、こんなにたくさんのメッセージを有難うございます。美味しい商品をお届けできるように頑張ります」

社長よりお礼の言葉を頂きました。工場も見学させていただき、水野食品さん同様に、人の手で丁寧に商品作りがされていることを実感しました。

協同シーフーズ株式会社

「3つある工場のうち、第1工場は流出全壊し、第2工場も全壊しました。海辺にある1つの工場は内部浸水しましたが、奇跡的に流されずに残りました。建築許可が下りないため、復興はまだまだ復旧の段階です。

現在は全ての従業員が仮設住宅で暮らし、工場を早く再建して社員が帰ってこられるようにしたいものです。10年から15年後には、きれいな街に戻ってほしいと願っています」

現在は仮設事務所で再開に向けて取り組んでいます。

生産者訪問を通しての感想

石巻への訪問は初めてでしたが、以前の石巻を知らずとも被害の大きさがわかる惨状でした。その中でどの生産者の方も、本当に心からの笑顔で出迎えてくださり、前を向いて進んでいこうと逆に勇気づけられる思いでした。

訪ねた6社に共通していたのは、①組合員さんへ、これまで以上の美味しい商品をお届けして喜んで頂く、②従業員が戻ってこられるように早く会社を再建したい、③とにかく前へ進んでいくの3点でした。より良い商品作りには、そこで働く人の手が重要であり、働いている人を信頼して大切にし、生産している商品をこよなく愛していることが、復興に向けての基本であることを感じました。

被災した生産者の方が、どのような思いで復興に向けて取り組んでいるかを、組合員さんや職員に伝えます。そして組合員さんが、利用された商品の感想などをメッセージとして生産者へお届けし、組合員と生産者と職員をつなげていきます。その為に今後も、継続的に商品のお薦めをしていきます。

たくさんの人の力で支えられている商品の利用が、きっと被災地の復興に繋《つな》がるはずだし、1つひとつの取り組みを大切にしていきたいものです。

生協の支援で復興を

「476隻あった舟はたった2隻しか残らず、震災後はそこからの出発でした。生協から支援に来てくれたときは、若い漁師も交流してもらい、わかめの生産だけでなく消費者のことも考えるようにしてきました。

豊かな海から大きな恩恵を受けており、たとえ津波の被害を受けても、漁師は海に対する慈《いつく》しみの気持ちを持って復興に取り組んでいます。昔から何度も津波の被害にあいましたが、重機のない中でりっぱに復興させてきました。今は強力な機械もあるので、必ず復興させます」

２０１２年10月13日にスーパーアリーナで開催となった、コープフェスタのメインステージにおける報告であった。復興経過報告として、コープわかめの生産地である岩手県の唐丹町漁協と、西京漬けなどの加工をしている宮城県石巻市の水野食品株式会社から話があった。

唐丹町漁協からは、工場長の三浦政人さんの報告があった。舞台の前で聞いていた約50人に、唐丹町漁協のわかめを使った酢の物が配られ、食べた女性からの感想がいくつか続いた。

「美味しかったです。また食べることができるようになったので嬉《うれ》しかった」

「福島から来ました。たった2隻からの復興と聞き驚きました。わかめはしっかりした味で、まるで『わかめだぞ！』と強調しているようでした」

「これがあれば、ご飯は何杯でも食べることができそうです」

誰もが2年ぶりの唐丹町漁協のわかめを、美味しく味わっていた。

水野食品からは専務取締役である水野茂さんの報告があった。

「1年7カ月が経ち、やっと以前の半分ほどの生産に戻ることができ、来年の秋には工場を建ててフル稼働する予定です。これでも石巻ではいい方で、周辺には空き地が広がり、廃業した水産加工会社も少なくありません。水産物の加工を再開しても、以前のように買ってくれるのかわからずに、復興の計画を進めることができないのです。

その点で私どもは、生協さんが買って支えていただいているので、こうして前向きに復興を進めることができています。本当にありがとうございます」

水野さんが深々と頭を下げると、会場から温かい拍手が響いた。水野さんは、前年のコープフェスタにも登場していた。

さいたまコープが復興支援で、大切にしているキャッチフレーズである「忘れない、伝える、続ける、つながる」を、象徴する一場面でもあった。

第5章

生協という灯火《ともしび》
岩手県陸前高田市の避難所支援

地域が津波でほぼ壊滅した一つの岩手県陸前高田市の避難所から、緊急の支援要請があり、さいたまコープはそれに応えて食料を届けた。

緊急の相談

始まりは2011年5月13日のメールからであった。岩手県生協連事務局長の吉田敏恵さんから、さいたまコープ専務補佐の坂野智義さんへ以下の相談が届いた。以前に坂野さんが状況把握の連絡を岩手にしたとき、被災で混乱しており受け入れ体制も十分でなく、何かあればと連絡先を伝えておいた。それを思い出した吉田さんが、ダメで元々と相談のメールをしてきた。

「被災から2カ月たち、緊急物資の搬送は一段落していますが、避難所によっては食事の栄養が十分でない問題が出ております。3食で1，100円以内の予算で配給になりますが、穀物や缶詰などの簡易な食事がほとんどです。そのため不足する野菜や生鮮食材を、小さな避難所はそれなりに自分たちで見つけて食べていますが、大きい避難所は確保ができず、行政に訴えてもどうにもならない状況です。

そうした高田一中（陸前高田《りくぜんたかた》市立第一中学校）の避難所から岩手県消団連にSOSが届き、消団連から岩手県生協連に相談が回ってきました。支援先を決めるとき県連やいわて生協では、行政やボランティアセンターを窓口としており、個別の避難所からの要望には対応していません。なぜそこの避難所だけを支援するかという意見が、必ず出るからです。

以前の連絡があったことでさいたまコープさんを思い出し、もし1回でも2回でも食材提供をいただけたらありがたいと思った次第です。検討の余地があればお願いします」

すぐに坂野さんは、さいたまコープの内部で陸前高田の避難所を支援するための調整に入った。

陸前高田の被害

陸前高田市の発表によれば、家屋と人の大きな被害は表1である。約7，400世帯の市であるから、いかに甚大な被害であったかがわかる。

特に市役所や病院や警察など、市の中枢機能が津波で壊滅的な状態となり、復興にも大きな支障となった地域である。そうした情報が、テレビや新聞を通して全国に流れていた。

さいたまコープの内部での調整がつき、岩手県生協連と同消費者団体連絡協議会の両会長名の要請文が、さいたまコープの理事長宛に2011年5月20日付で来たことにより、組織的な動きが具体化した。

「（略）多くの方が大津波により命を落とし、家や仕事を奪われ、未《いま》だ4万人が避難所やその周辺で不便な暮らしをしています。（略）陸前高田市は、地域住民の7割が被災した自治体で、その中でも広田半島の避難所や避難所周辺に住む人は当初孤立し、難儀をした地域です。県生協連と消団連は、食料農業を守るネットワークなどで協力し合っている生

表1　陸前高田市の被害状況（陸前高田市のホームページより）

津波被災戸数	全　壊	3,159戸
	大規模半壊	97戸
	半　壊	85戸
	一部損壊	27戸
	計	3,368戸

（地震被害を除く。平成24年1月31日現在）

人的被害状況	総人口	24,246人	住基人口　平成23年3月11日現在
	生存確認数	22,018人	平成24年10月23日現在
	死亡者数（震災分）	1,735人	市民で身元が判明、又は死亡認定としての死亡届の出された人数
	〃　（その他）	464人	病死、事故死など
	行方不明者数	14人	安否確認要請のあった人数
	確認調査中	15人	
	市内での遺体発見数	1,555人	平成24年10月23日現在（市民以外も含む）

産者団体と連携して、4月上旬から広田半島の小規模避難所中心に、細々ですが野菜や炊き出しの支援をしてきました。支援する中から、陸前高田の別の大規模な避難所の問題、特に行政から配布される食材では、栄養が足りないなどの問題も見えてきました。避難所の住民からも、行政にはこれ以上要求しても無理なので、なんとか助けてほしいという要望が寄せられましたが、規模が大きいために、当連合会や消団連では十分な支援ができかねています。つきましては大規模避難所の食事改善のために、貴生協から食材の提供をお願いします。

記

1．要請内容　避難所への野菜、肉、日配品、飲料などの食材提供

量・種類・回数などは、貴生協の可能な範囲

陸前高田の避難所にて。右からさいたまコープの佐藤理事長、佐藤夕子さん。（さいたまコープ提供 2011年5月28日）

内で。
2．避難所名　陸前高田市立高田第一中学校避難所（5月17日時点で、公式ホームページでは避難人数586人と発表されていますが、現地の情報では450人程度）
3．その他　避難所には大型冷蔵庫がありストックが可能で、調理を8名で担当しています。必要な食材の種類、量、納品日は、状況が刻々と変化するため、現地の世話人と直接連絡をとることが望ましいです。以下生協連が窓口をいたします」
この要請を受けたさいたまコープでは、すぐに支援の食材を現地と確認して準備し、宅配業者に頼んで陸前高田へと運んだ。同時に佐藤理事長を含めて3名の職員が、食材の到着する5月28日に合わせて現地を訪ね、状況について直接把握した。

以下はそのとき同行した福岡和敏さんのレポートの一部である。

「高田第一中学校避難所　絆の丘への訪問報告

岩手県陸前高田市の被災状況

陸前高田市など沿岸在住者の中には8万人の生協加入者がいました。多くの方が大津波で命を落とし、家や仕事を奪われ、未だ4万人が避難所やその周辺で不便な暮らしをしています。当初は43カ所の避難所がありましたが、震災から2カ月が過ぎ、公共住宅や民間アパートの抽選により入居可能な仮設住宅が少しずつ整い、公民館やコミュニティセンターや小学校などの小さな避難所を閉鎖し、避難者は市内中心部にある大規模避難所に移り住んでいます。その大規模避難所の一つが高田第一中学でした。

避難所には大型冷蔵庫があり、市内のホテルで働いていた人などで構成した8名の調理チームが、昼と夜の2度の食事を賄っていました。弁当の支給はなく、朝はパンのみで、ご飯は自衛隊の炊き出し支援を受けて450人分を毎回作っています。食事以外も掃除や情報伝達など、避難者自らの力で出来ることはしていました。もちろん医療は赤十字が、また、市の社会協議会連盟が運営するボランティアセンターが司令塔になり、全国から支援物資も受けています。市民の多くは、家や職場を津波で流され、他県へ移る人もいます。

それもできない人々が、災害から少しずつでも自分たちの古里を取り戻そうと奮闘していました。

この避難所運営は、500人分の食材確保に困っていて、今後も他の避難所からの受け入れを考えると、継続的な支援が必要になっています。

以下は450名の命を背負った炊事部を担当した佐藤夕子さんの話です。

『街がある日まるごとなくなった』

私は、陸前高田市保育所の保育士でした。本当は4月に保育所へ戻る予定でしたが、津波で仲間や保育所が流されてしまい戻れなくなりました。3月11日に、高台にある高田一中の下にあった一つの街で、商店、企業、住宅、役場、病院などが、ある日突然なくなってしまったのです。市役所の職員は最後まで避難せず、市民を高台へ誘導していたので、4割の職員が流され亡くなりました。

あの日からの避難所は、水道、電気、物資や交通手段もない生活が続きました。2カ月経ってようやく、この中学校の下に仮設のコンビニが1軒立ちました。仮設住宅は、7月中に必要数が完備される予定だそうです。しかし仮設に入り、仕事を市外に見つけ働くようになっても、交通の便も悪く職場まで行けるかどうか心配です。現在は国道45号線の橋が不通で、数分で行くことのできた所へ数時間もかかります。

自分たちでやろうとする避難所生活

各避難所では、自衛隊に山の上でご飯を炊いてもらい、おかずは自分たちで賄っていますが、肉や生鮮野菜が足りません。全国からの物資支援について陸前高田市は、幹線道路が寸断されたことや、冷蔵庫などの保存手段も乏しく、電気と水道も最近やっと復旧し始めた中で、肉や野菜などの生鮮食品の受け入れが出来ず、ずっと缶詰などで過ごしていました。最近になって、避難所生活に必要な環境や冷蔵庫が完備されてきました。

避難所の食事は、朝はパンと飲み物で、昼と夜の2食を作っています。3月11日の震災から、8人の仲間で1日も欠かさず約500食の食事を作ってきました。ここのボランティアは、外からの応援を頂くだけでなく、元気な人たちが立ち上がり、話し合いで掃除、食事作り、配膳など自主的な組織が生まれています。

小さな避難所は少しずつ閉鎖され、この高田一中に集約されていく予定です。この避難所も人数の動きがあり、生活していく目処《めど》がたった方は避難所を去っていきます。時とともに、自力で歩む人や仮設住宅に入る人が増える中で、避難所は本当に困った人が残されていきます。ライフラインの普及とは反対に、大きな問題を背負った人が暮らす場になっていくようです。

生協という灯火

２カ月前の震災直後に、ガソリンスタンドも電気屋さんも何もかもこの下の町中にあったので、被災してから暫《しばら》くはロウソク暮らしでした。東北の厳しい冬の寒さの中で、灯油ストーブだけが温《ぬく》もりを与えてくれていました。車が残った家庭でガソリンもなくなり、行政から１軒20リットルのガソリン配給券が配られました。12時間かけてガソリンを手に入れなくてはならない中で、その灯油ストーブも諦めかけていました。

そんなある日、いわて生協さんがトラックで各家庭を訪問してくださり、灯油を配達してくれたのです。その時は、涙が出るくらいありがたかったものです。だから今回も、生協さんなら何とかしてくれるかなと思って相談しました。いわて生協さんが、この避難所に炊き出しとしてお弁当を届けてくださった時、思い切ってお願いしてみたのです。

そんな私の話を受け止めて頂き、全国の生協に呼びかけてくださいました。今回手を上げて頂き、物資の調達をしてくださったさいたまコープさんに、本当に感謝しています。同じくコープあいちさんが手を上げてくださって、いわて生協さんにお金を送って頂き、納豆や豆腐を支援してくださることになりました。

ここは大量の食材が必要なので、コープあいちの方も一昨日来られ、さいたまコープさんと交互で支援できないかと話をしていました。

『街の復興が自分の役目、宿命を使命に変えて：次は現地ディレクター・岡本翔馬さんの話です。

震災で被害を受けた地域があまりにも広域だったので、避難所での支援が公平に行き届いているかが課題です。特に広田半島の先端の方々は、半島を結んでいた2つの橋が流れてしまい、5キロ戻った別の橋を経由しての救援物資支援になり、アクセスが悪くなって他の避難所との連携の難しさがあります。また多くの職場がなくなり、これからのことに皆は途方にくれています。

陸前高田市の人口は約2万4，000人で、65歳以上の方が35パーセントほどいて、一緒に住んでいる息子さんの平均年齢は40歳代でしょうか。ですからお年寄りを残して、近隣の都市へ簡単には就職できないのです。今までのコミュニティーを大切に思っている人も多く、自分もそうですが多くの人々は、仮設住宅が出来たら皆でここに住んで、仕事を起こして暮らしていこうと考えています。3年、5年、10年はかかるかもしれません。市全体の地盤が1メートルぐらい沈んでしまい、このままで家は建てられません。少しの台風でも街が水没し、海沿いの国道45号線の500メートル先は津波で土が削られてしまい、海になっています。海辺の近くほど建物は無理で、この高台の裏に津波の被害にあわなかった場所があり、市役所の仮設を造っています』

高田松原

全長2キロの高田松原は、松林と砂浜が続く岩手県を代表する景勝地でした。広田湾に注ぐ気仙《けせん》川が運んだ砂の浜辺に、江戸時代からクロマツやアカマツが植林され、7万本もの松の大木が立ち並んでいました。3月11日に起きた地震による津波により、松が全てなぎ倒されましたが、奇跡的に1本だけ倒れずに残っていたのです。奇跡の一本松で、どれだけ被災者を勇気付けたかわかりません。

絆の丘

小高い丘の上に建っている高田第一中学校は、いつしかこの場所を絆の丘と呼ぶようになっていました。学校の裏山からは、漁業の中心だった港や大型スーパー、県営団地、病院、警察、陸前高田駅、市役所などが一望できました。

今は、津波によって何もかもなくなってしまった平野が、どこまでも広がり、流された車が散乱し窓ガラスが壊れ、廃墟のようになった建物がいくつも残っていました。辛うじて命を取り留めた被災者の皆さんは、この丘からの風景をどんな気持ちで見ているのでしょうか。ここで亡くなった友人や、いまだ行方がわからない家族もいます。いつも使っていた駅や、子どもを通わせていた保育園もあれば、楽しい買物や食事をした店が何もなくなっています。

しかし、その現実の風景の彼方に、一本の松の木が海に向き合って凛《りん》と立っているのです。全てを失った陸前高田の人々は、その松の木が何を言おうとしているのか、きっと受け止めているのではないでしょうか。復興まで何年かかるかわからない自分たちの街を、もう一度創っていく。その進むべき真っ直ぐな道は、一本の松が指差してくれていると、そう考えられる人がこの避難所で、1人2人と増えていってほしいものです」

なお、さいたまコープがこのとき高田第一中の避難所に届けた支援の食材などは表2である。

表2　第一中学避難所へさいたまコープからの支援物資

商品名	数量
小松菜	100袋
ピーマン	200袋
トマト	400個
きゅうり	200本
じゃがいも	300個
玉ねぎ	300個
人参	300本
冷凍　豚小間　470g	65袋
冷凍　豚ひき肉　380g	80袋
冷凍　鳥唐揚げ　270g	100袋
冷凍　コロッケ　8個入り	50袋
冷凍　甘辛チキン南蛮カツ　8枚入り	50袋
レトルトさば味噌煮120g×2枚入り	480袋
500ml　緑茶ペット飲料	480本
メグミルク牛乳　250ml	480本
彩果菜園　200ml	480本
ペーパータオル　4個入り	300袋

高田一中の避難所に対する同様の支援は、その後も2回実施し、多くの被災者の健康を守ることに少なからず貢献した。

さいたまコープも震災の被害を受け、物流施設が稼働せずに1カ月というもの共同購入は冷凍品を中心にストップし、組合員に多大な不便をかけ、復旧に向けて誰もが多忙なときであった。それでも岩手県生協連からの緊急の要請に応えて支援物資を送ったことは、協同組合間の助け合いという以前に、困っている人がいれば手を差し伸べるという、人間として当たり前の行為でもある。もっともその当たり前をすることが難しくなっている今日、さいたまコープの高田一中の避難所へのすぐの対応は高く評価してよいだろう。

第**6**章

つなげよう笑顔 つながろう世界と

コープフェスタ2012

さいたまコープは、コープフェスタを開催し、その中で今年も避難者と支援者の活動紹介の場を設けるなど、震災復興支援を強調した。

コープフェスタがスタート

「ドドーン！」

「トントン」

「ピーピー」

太鼓集団〝響《ひびき》〟による力強い太鼓や甲高い笛の音が、スーパーアリーナの広い会場に轟《とどろ》いた。若い男女３人が、エネルギッシュに大鼓や締太鼓や笛などを使い、創作曲を演じていた。埼玉県立浦和商業高校定時制の太鼓部にいたメンバーが、卒業した後も好きな太鼓を叩くために立ち上げたグループで、事務所を桶川市《おけがわし》に構え活動している。


２０１２年10月13日の10時過ぎであった。ＪＲ「さいたま新都心」駅近くにあるスーパーアリーナは、朝から熱気に包まれていた。翌日も含めた２日間は、入口の前に広がる「けやきひろば」も使い、「コープフェスタ２０１２　つなげよう笑顔　つながろう世界と」（主催：さいたまコープ、コープネット事業連合）、「国際フェア２０１２」（主催：財団法人　埼玉県国際交流協会）、「埼玉物産観光フェア」（主催：社団法人　埼玉県物産観光協会）、「健康フェスタ」（主催：医療生協さいたま生活協同組合）、「国際協同組合年」（主催：埼玉県生活協同組合連合会）の５つのイベントが同時に開催され、総勢で約２８０団体が出展していた。

なお後援は、埼玉県、さいたま市、テレビ埼玉、FM NACK5、毎日新聞さいたま支局、朝日新聞さいたま総局、埼玉新聞、読売新聞さいたま支局、JA埼玉県中央会、埼玉県ユニセフ協会、社会福祉法人埼玉県社会福祉協議会、社会福祉法人さいたま市社会福祉協議会、社団法人さいたま観光国際協会、きょうされん埼玉支部、埼玉県消費者団体連絡会、NPO法人埼玉消費者被害をなくす会である。

生協が中心となったイベントを、これだけ多様な行政やマスコミなどが後押ししてくれることは、企画の内容が社会的であると同時に、常日頃から信頼関係を築いていることの表れでもあるだろう。

被災地の町長からメッセージ

昨年のコープフェスタに続き、今年も震災復興支援が大きな柱となっている。このため被災地の福島県浜通りにある双葉町と浪江《なみえ》町の各町長から、以下のようなメッセージが届いていた。

「原発事故で昨年の3月19日に双葉町民が、さいたまスーパーアリーナと、続いて旧騎《き》西《さい》高校に避難させて頂き、多くの県民の皆様のご支援を受けながら今日まで生活をすることができました。その中でもさいたまコープの皆様には、炊き出しや子育てサロンやふれあい喫茶など、旧騎西高校や福島県内の仮設住宅に数え切れないくらいのご支援を頂き、途方にくれていた町民に元気と希望を与えていただきました。また昨年に続き今年もコープフェスタで双葉町婦人会が、物産出店と郷土芸能の披露をさせて頂きます。

私たちは今、大変な状況にあり、多くの町民が放射能による被曝をさせられました。しかし、政府と東電は健康診断をさせないまま放置しています。再三私は、国民として平等にしていただきたいと政府と福島県に申し入れをしていますが、放置されていることは御存知でしょうか。皆さん、声を上げてください」（双葉町　井戸川《いどがわ》克隆《かつたか》町長）

「さいたまコープの皆様、そして埼玉県民の皆様には、震災当初より今日まで、私たち避難者に対し、心温まるご支援・ご協力を賜りまして厚くお礼申し上げます。多くの福島県民と浪江町民が、大変お世話になっており、お会いできるこの日を楽しみにしておりました。

食文化で日本を元気にするという、このように素晴らしい集いを開催していただきまして感謝申し上げます。結びに、生きる力を与えていただいております埼玉県民の皆様のご多幸とご健勝、並びにさいたまコープ様の益々のご隆盛を祈念し、お礼の挨拶《あいさつ》とさせていただきます」（浪江町　馬場《ばば》有《たもつ》町長）

どちらの町も福島第一原発の事故による放射能汚染量が高く、全ての町民が住み慣れた

コープフェスタ2012に参加した元気な双葉町婦人会の皆さん。(2012年10月14日)

古里を離れて不自由な暮らしを強いられている。いったいいつになったら帰還できるのか目処《めど》が立たず、経済的な負担だけでなく精神的なストレスも被災者にかなり高まっている。そうしたそれぞれの町民を代表した心に響くメッセージであった。

多彩なゾーン

さいたまスーパーアリーナでは、次のように多彩なゾーンに分かれ、親子連れなどのたくさんの来場者は、目当ての場所に足を運び楽しんでいた。

①日本を食卓から元気にしたいゾーン

人気のコープ商品や産直野菜をはじめ、被災した取引先などを含め、生産者や取引先80社以上による試食・販売や交流がおこなわれた。またコープネット美《ちゅ》ら島《しま》応援プロジェクトによる沖縄県伊《い》平屋《ひらや》村の物産の試食と販売もあった。

②ちいきげんきゾーン

地産地消をテーマにし、埼玉県の名産品、伝統工芸品の展示・販売と県内各地の観光情報の紹介があり、全農パールライス東日本による「彩《さい》のかがやきエコ循環米」の試食と販売もあれば、「忍城《おしじょう》おもてなし甲冑隊《かっちゅうたい》」も参加した。

③親子体験ゾーン

「こども店長」や「ほぺたんトラック体験」、ゲームや工作、食品メーカーによる親子サンドイッチ教室など食育企画の他に、健康チェック・健康相談、プラネタリウム、ネイルアートなどがあり親子で楽しんだ。

④つなげよう笑顔ゾーン

震災復興支援をテーマに、県内に避難している被災者のグループ、支援団体、ＮＰＯによる支援活動の紹介があり、岩手県や福島県の物産を販売した。埼玉県ユニセフ協会の紹介や、「えがお再発見！」のテーマでＣＯ・ＯＰ化粧品35周年のコーナーもあった。また避難者の交流会スペースでは、福島県立富岡高校チアリーディング部による演技もおこなわれた。

⑤国際協同組合年ゾーン

国際協同組合年をテーマに、世界の協同組合の歴史や、埼玉県内の協同組合の事業や活動の紹介もあれば、さいたまコープ組合員委員会による「めぐりっちゃ」では、協同組合にちなんだ食材で、チヂミ、スープ、ドリンク、コーヒーゼリーを楽しんでもらった。

屋外の「けやきひろば」では、国際フェア２０１２とご当地グルメを展開し、国際協力団体の活動紹介、世界のグルメと民芸品の販売、民族舞踊や音楽などのステージ発表の他に、なみえ焼きそばなど埼玉県と福島県のＢ級ご当地グルメも出店した。

集合した「ゆる玉応援団」

85もの色や形の異なるご当地キャラクターが、２日間の会場を盛り上げた。埼玉県の魅力をＰＲするため立ち上がった「ゆる玉応援団」で、各自治体および県内に本社がある企業などが制定したマスコットキャラクター（ゆるキャラ）の連合体で、主なスターは以下である。

団長のコバトンは、県民の鳥のシラコバトをモチーフにした埼玉県のマスコットで団長を務めている。

秩父《ちちぶ》市の「りゅうごん」は、龍勢祭《りゅうせいまつり》において轟音《ごうおん》と共に打ち上げられる農民ロケットをイメージし、石ノ森章太郎が創った。羽生《はにゅう》市の「ムジナもん」は、市内に自生する天然記念物の食虫植物ムジナモと、伝説の妖怪「むじな」のコラボから生まれ、尾にはムジナモの花を付け、頭にはモロへイヤの葉が乗っている。上尾市の「アッピー」は、AGEOの頭文字のAをモチーフにし、両手で大きなマルを描いて、ふれあいの輪が大きく広がり、町づくりの合い言葉である「あなたに元気をおくるまち」を実現するように魂を込めている。

こうして85もの当地キャラクターが誕生し、これらの「ゆる玉応援団」の規約では、以下のように目的や条件について決めている。

第1条　埼玉の魅力的な観光・物産等を広くPRするため、「ゆる玉応援団」(以下「応援団」)を置く。

第2条　応援団は、埼玉県の自治体、観光協会、商工会議所、商工会等のキャラクター(以下「キャラ」)で、着ぐるみがあり、観光・物産PRイベントや広報で活動できるキャラの中から、応援団への加入を希望するキャラで組織し、知事が任命する。

各キャラクターはコープフェスタの会場を練り歩き、子どもたちと握手をしたり、一緒に記念写真へ応じるなどしていた。

表1　メインステージのプログラム

13日(土曜日)

時　間	項　目	出　演
10時	太鼓の演奏	太鼓集団　響
10時30分	開会式	
	ゆる玉応援団&ほぺたん ココロン、こんせんくんの紹介	県観光協会、さいたまコープ、医療生協 さいたま、パルシステム埼玉
10時40分	バトン&チアダンス	コープカルチャー川越・深谷
11時	たべるたいせつコンサート	キッズ・プランナー
11時30分	埼玉戦士　さいたぁマン	埼玉戦士　さいたぁマン
12時	甲冑隊演舞	忍城おもてなし甲冑隊
12時30分	沖縄エイサー	伊平屋島
13時	式典	
13時30分	復興経過報告	唐丹漁協・水野食品
14時	pinkish	pinkish
14時30分	相馬流山踊り	さいたまコープ　双葉町
15時	ピザエクスポ　コンテスト	レッドジャパン

14日(日曜日)

時　間	項　目	出　演
10時		
10時15分	ゆる玉応援団&ほぺたん紹介	県観光協会
10時30分	HIP　HOP　JAZZ	コープカルチャー春日部
	ベリーダンス	コープカルチャー浦和・大宮
11時	埼玉ご当地ヒーローズ	埼玉戦士　さいたあマン
11時30分	リレートーク「復興支援から協 同組合の価値を再発見」	コープふくしま、双葉町、JA、相双ふるさ とネットワーク、さいたまコープ組合員
12時	相馬流山踊り	双葉町
12時30分	沖縄エイサー	伊平屋島
13時	復興経過報告	唐丹漁協・水野食品
13時30分	被災地域からの報告	かけあしの会
14時	ウクレレ	コープカルチャー春日部、浦和、越谷、所 沢、大宮、川越、富士見
14時30分	和太鼓　道楽	矢澤啓史
15時	ピザエクスポ　コンテスト決勝	レッドジャパン

メインステージでは

２日間のメインステージは、演奏・ダンス・トークショーなど多彩な出し物が続き、スケジュールは表1であった。

なお会場では参加者に対して、日本生協連が呼びかけ福島県生協連が取り組む「安心して住める『福島』を取り戻すための活動」で、食品の放射能測定器30台と、内部被曝を検査するホールボディーカウンター２台を購入する東日本大震災復興支援募金（あんしん福島募金）の案内があった。また台風17号で大きな被害のあったＣＯ・ＯＰもずくの生産地の支援で、沖縄県伊平屋は台風被害復興見舞いの募金を呼び掛けた。多くの方々が協力して貴重な募金が集まり、メインステージでそれぞれの代表者に贈った。伊平屋村へは組員からの激励の寄せ書きを貼ったタペストリーと一緒で、思いがけない支援金を受け取った伊礼幸雄《いれいゆきお》村長は、感激して目頭をおさえていた。

かけあしの会

独自の復興支援物資を持って、遠くは岩手県宮古市から車で駆けつけた支援団体「かけあしの会」のメンバーは、「被災者のため協同すれば夢は叶う！「かけあしの会」の歩み」のテーマで壇上に上がった。

コープフェスタ2012「かけあしの会」の活動報告。(2012年10月14日)

まずは、女性のアナウンサーが会の概要を説明した。

「宮古市にある『いわて生協』DO《ド》RA《ラ》店を拠点とする被災者支援組織『かけあしの会』は、塩サイダー・のしいか・塩ストラップなど、地元の素材を使って独自の商品をすでに十数品も開発して販売もし、障がい者を含めた被災者の就労を支援している。

5人の世話人で議論し、3名以上の賛成で『かけあしの会』の名の通りすぐ実行する姿は、協同すれば夢は叶うとして、被災者や支援者にも共感を拡げつつある。そうした姿をフェスタの参加者に伝え、復興への取り組みに貢献する」

報告の最初に、被災者を含めて自分たちで創り、皆で歌っている復興ソング「明日への虹…」をCDで流し、続いて会の世話人の3人から、代表的な開発商品の紹介があった。香木《こうのき》みき子さんからは、捨てていたあわびの貝殻をみがいて、美しいネックレスやペンダントなどにしていることを、福士久美子さんからは「いかしたのし兵衛《べえ》」の開発にあたり、広島の機械メーカーに協力してもらったこと、代表の菅原則夫《すがわらのりお》さんからは、地元の宮古の塩を使い、塩サイダーやストラップにしている話があった。

わずかな額でも被災者の収入につながる商品を開発し、5人を中心に全国を駆け回って販売している。凄い行動力である。

復興支援から協同組合の価値を再発見

「復興支援から協同組合の価値を再発見」をテーマにしたリレートークもあり、コープふくしま、双葉町、JA、相双ふるさとネットワーク、さいたまコープの理事や職員などの方々が壇上に並んだ。

JA埼玉県中央会の福島治さんは、旧騎西高校の避難所における「さいたまコープ」の炊き出し協力に触れ、女性部を中心にして参加し、これまでに50回で延べにすると400人にもなるという報告があった。県内産の農作物を届け、被災者から「美味しかった」との声を聞いて農業の将来性を心強く思ったし、助け合いや絆を実感した。

さいたまコープの福岡和敏さんは、２カ月前にあった「福島の子ども保養プロジェクト」に触れ、ＪＡから果物をいただき、埼玉大学生協の協力で学生の手助けもあって成功させることができ、他の生協や協同組合とも連携し、困っている人を助ける大切さを語っていた。

双葉町の志賀《しが》さんからは、埼玉県に避難してきてからというもの、ＪＡ、さいたまコープ、パルシステム埼玉、加須女性団体などに、物資だけでなく温かい心遣いまでしてもらっていることに深く感謝していた。

コープふくしまからは理事の小澤和枝さんと日野公代さんが参加し、福島における被災者の交流の場であるサロンでは、さいたまコープに背中をそっと押してもらったことや、集まった人が歌う「北国の春」や文部省唱歌「故郷《ふるさと》」では、泣きながら口ずさんでいるとのことであった。

相双ふるさとネットワークの太田恵美子さんは、情報紙「福玉便り」の発行などのように福島の出身者が動き、また「なみえ焼きそば」に代表されるように、被災者が自分たちで何かをしたいという取り組みの大切さを語っていた。

こうした発言を受けさいたまコープの佐藤利昭理事長は、第一に今回の震災が天災と人災によって引き起こされ、原発の安全神話が崩れてエネルギー政策の転換が求められていること、第二に国際協同組合年として、物事を金や権力で動かすことが横行している中で人と人との助け合いがますます大切になり、生協の食を通した実践の積み上げの重要性を強調していた。

ＪＡや生協などの協同組合が、震災復興の実践を通して真価を発揮することがますます求められている。

上田清司埼玉県知事や浅田克己日本生協連会長も来場し、２日間で約12万人の組合員が参加したコープフェスタ２０１２は、予定したスケジュールに沿って無事に終了し、集まった多くの被災者や支援者が笑顔を交わす場にもなった。

第7章

くらしと文化の活動を応援し
さいたまコープ市民活動助成

さいたまコープは、埼玉県内における市民活動を助成する中で、震災からの復興を支援するいくつもの団体をサポートしている。

心身の疲れをほぐし

「冷たい体育館なので、すぐに背中や手足が痛くなってしまいました。私のじい様は病気で入院しているので、ここの避難所にはいません。震災から息子夫婦とは連絡がとれないので、ずっと心配しているんですよ」

当初は険しい顔で無口だった80歳代後半の女性は、静かな口調でゆっくりと話しはじめていた。

「そうですか。大変ですね」

被災者支援団体「手あての輪」代表の斉藤京子さん（40歳）は、両手につけたアロマオイルで、その女性のしわだらけの手を優しくマッサージしつつ、じっと話を聴いて、ときおり合槌《づち》をうっていた。ほのかにアロマの檜《ひのき》の香りが辺りに漂い、高齢の女性は避難してからの心身の疲れをしばし癒やすことができた。

２０１１年3月中旬のことである。埼玉県三郷《みさと》市にある避難所となった体育館には、福島県広野町から約３００人が身を寄せていた。

両手のマッサージを終えた斉藤さんは、次は高齢者の両足にもアロマオイルを付けて丁寧にマッサージした。すでに震災から1週間ほど経っていたが、その間に被災者は一度も入浴をすることができず、手足は白くカサカサになっていた。そこへアロマオイルをたっ

手あての輪の皆さん。前列右端が斉藤京子さん。（斉藤さん提供 2011年3月21日）

ぷり付けてマッサージすることにより、血行も良くなり、痒《かゆ》みもなくなった。なおアロマとは、植物の持つ香りや成分を利用して、幸福感を味わったり、健康維持に役立てたりすることである。

20分ほどして、斉藤さんのマッサージは終わった。いつの間にか当初の険しい顔が、穏やかな顔付きになった高齢の女性は、深々と頭を下げて斉藤さんに言った。

「ありがとうございました。何にもお礼をすることができないけれど、これをもらってください」

女性が斉藤さんの前に両手でソッと差し出したのは、避難者にとって唯一の食べ物である支給されたお握りである。そこまで感謝して気を使ってくれる気持ちがいじらしくて、あふれる涙を止めることのできない斉藤さんは、ただ手を左右に振るのがやっとであった。同時に避難者のため、アロマセラピーを用いた心と体のケアの継続を堅く決意した。

上質のチームケア

埼玉県の東浦和にある小さなアロマセラピー店で、斉藤さんに会ったのは２０１２年12月の上旬であった。指定の場所へ少し早めに着くと、ほどなく雨の中をバイクに乗ったヘルメット姿の斉藤さんがさっそうとやってきた。８畳ほどのログハウスの店に入ると、マッサージをする細長い簡易ベッドを中央にし、周囲の棚にはアロマオイルなどの入った小瓶などがいくつも並んでいた。

まずは斉藤さんに、どのような経過でアロマセラピストになって、ボランティアに入ったのかたずねた。

「20年間は看護師で、医療生協さいたまの病院で10年ほど働いていました。高校生のときに1日だけ看護服を着て体験学習をしたのが医療生協でして、ずっとあこがれの職場でした。糖尿病など生活習慣病対策の指導をしていましたが、入院中は良くなっても、退院するとすぐに以前の悪い状態となってまた病院に来る方が少なくありません。そうした人を多く見ていると、病院の中での対処療法の限界を感じましたので、思い切って病院を辞めてアロマセラピーの店を始めたのです。

それから1年後に3・11が発生し、信じられない津波の映像が流れるテレビの前で、ただ私は泣いてばかりいました。何か支援をすることができないかと歯がゆさを感じていると、三郷に福島から多くの避難者が来たことをニュースで知り、3月17日に友人2人と一緒に駆けつけたのです」

ところが体育館の入り口で「アロマオイルを使ったマッサージをしたい」と係に話すと、「今は食べ物や衣料などの物資だけを受け付けており、癒やしはまだ早い」と断られてしまった。しかし、その場にいた広野町の職員が避難者に、「アロマを使ったマッサージを受けたい人は?」と聞くと、多くの手があがり斉藤さんたちは避難者の側に入ることができた。

マッサージをすると誰もが喜び、多くの需要があることのわかった斉藤さんは、その日の夜に「手あての輪」のブログで、避難所でのマッサージボランティアを呼び掛けた。すると、首都圏を中心に100人近い申し出があった。鍼灸《しんきゅう》・エステティシャン・リフレクソロジー・ベビーマッサージ・アロマセラピスト・整体・看護師もいれば、それらを目指す学生もいて、経験や資格も違う〝癒やしのスペシャリスト〟が手を組み、やがて六十数人が活動するようになった。

実際の活動の内容についても、斉藤さんは明るく語ってくれた。

「まず私たちは、手を当て傾聴することにケアの重点を置きました。マッサージは血栓の予防を意識して行い、免疫力の落ちた避難者に殺菌のため檜などの精油を用いました。それでも体育館は大勢の密閉空間ですので、精油の芳香は控えめにしました。また、現場の混乱を避けるため、人数と活動日時を徹底し、何より継続することを課題としています。

現場では、エステティシャンが手足のマッサージ法を看護師へ指導し、腰痛の対処法を整体師が実践して見せ、心的外傷後ストレス障害であるＰＴＳＤの対応に、看護師が意見するなど、気持よくお互いの知識を提供し合いました。長年看護師としてチーム医療に携わってきた私も、たくさんの技術を教わり、質の高いケアと癒やしに関わる技術者で結成されたチームワークに感激したものです。

アロマオイルを使ったマッサージをすると、ストレスで崩れがちな神経を植物の有効成分が鎮め、ホルモンや免疫力を整えてくれます。さらにアロマの殺菌効果は、不衛生な暮らしの中で、水虫やその他の感染などから体を守ることにも役立ちました」

「袖をまくってください」と言われて出した私の手に、斉藤さんはアロマオイルを両手にたっぷり付けてマッサージしてくれた。檜の香りが漂う中で、力を込めて指の一本ずつを丁寧に揉《も》みほぐしてくれる。おかげで腕だけでなく肩も軽くなり、また体内の奥深くに入った檜の香りで、何ともいえない安らぎを感じることができた。

アロマセラピーによる避難者の心身のケアに込めた、斉藤さんの願いをたずねた。

「何人かの避難者から、『震災直後に数日かかって、ようやくたどり着いた埼玉の避難所でマッサージをしていただいた時、生きている実感をもらいました。単に癒やしの次元でなく、命を救われた気がしました』とか、『あなたたちの顔を見ると、まだ自分たちは忘れられていなかったんだと、確かめることができ安心します』との声をもらいました。

手を当てて優しく相手の話を聞いて共感することは、誰にでも出来る上質なケアで、それが私たちセラピストの役割です。別に専門家でなければ役に立てないことはなく、少しずつでも自分に出来ることを出し合うのがこの活動です。知識や技術は人のために使ってこそ活きることを改めて実感し、この活動が日本の各地へ広がり、被災者のために手があれば誰にも何かできると、立ち上がるきっかけになってくれれば嬉しいです」

さらには相手の手足に直接触れることによって、本人も気づかないダメージを治すきっかけにもなると斉藤さんは強調した。

「大勢の避難者がいるので、医師や看護師が回って『何か困ったことはありませんか?』とたずねても、辛抱強い福島の方は、遠慮してよほどのことがない限り『大丈夫です』としか答えません。すると忙しい医師は、次の人へと移っていきます。

それに比べて私たちは、袖や裾をまくって手や足に直接触ります。すると口では大丈夫と言っていても、霜焼けになっていたり足がパンパンに腫れていて、『エッ、こんなにひどいじゃないの！』と驚くことが何回もありました。そこまで細かく対応するので、多くの方がアロマセラピーによるケアを喜んでくれたものです」

仏教の教えにある「無財《むざい》の七施《しちせ》」には、自分の身体でできることによって困っている人に施す身施《しんせ》があり、相手に喜んでもらうと同時に自らの心も高めることができるとある。まさにアロマオイルを使ったマッサージも身施の一つである。

２０１１年８月には、避難者が三郷市から福島県いわき市の仮設住宅へ移動し、それに伴いマッサージのボランティアも頼まれて通うことになった。この間の取り組みが、ＮＨＫテレビや新聞や雑誌などで報じられ、ボランティアの数が増えて今は約１５０人にもなっている。

原発事故に古里を追われた被災者たちは、長引く避難生活によって不安感を増し、ストレスを高めている人が少なくない。そうした中で斉藤さんたちの真心を込めたアロマセラピーによるケアで、豊かに放つ香りが被災者の心と体の奥深くまでこれからも広がっていくことだろう。

くらしと文化の活動を応援

「手あての輪」を資金面で一部応援しているさいたまコープは、さまざまなテーマで地域や消費者のくらしに役立つ活動を行い、社会とくらしにより役立つ存在となることをめざし、２００６年度に社会貢献基金を立ち上げた。基金は、さいたまコープの社会貢献活動を積極的に発展させることを目的として設置し、その運用の一つとして、市民団体に対しての助成制度が設定されている。

さいたまコープ市民活動助成金制度は、以下の7つのテーマでの社会貢献活動を対象に、理事会の下に設置された社会貢献活動推進委員会によって行われている。

1. 食、消費者の権利
2. 福祉、健康、子ども・子育て
3. 教育、文化、スポーツ
4. 環境保全
5. 地域社会参加、行政との連携、ＮＰＯ・ＮＧＯとの連携
6. 人権、平和、国際協力・交流
7. 災害支援

なお、さいたまコープ市民活動助成金規則で以下のように定めている。

「第1条　目的

さいたまコープは、くらしのテーマでつながる活動を地域のなかで広げ、いつまでも安心してくらせる社会づくりに貢献するネットワークづくりをめざしてします。現在活動しているＮＰＯ法人（特定非営利活動法人）や各種のボランティア団体、市民活動団体（三つの団体を総称して市民団体）、これから活動を立ち上げようとする団体などが地域のなかで展開する有益な事業を支援します。

そのために、地域でくらしに関わる活動にとりくむ市民団体や、これから活動を立ち上げる市民団体が継続して活動できることを応援する制度として、助成制度を創設します」

助成金は、さいたまコープ社会貢献基金の3億円から支出し、当該年度の助成金総額は社会貢献活動推進委員会で決定して理事会で承認している。なお金利の高い頃は利子で運用していたが、利子を使うことのできない昨今は基金から取り崩し、使った額を毎年さいたまコープの剰余金から補填している。

この助成制度の対象や資格は以下である。

（1）法人格の有無は問わない。

（2）公益を目的とした市民団体で埼玉県内に活動拠点があり、既に活動しているか、活動をはじめている市民団体を対象とする。

（3）組織や事業の運営の重要事項・代表者・所在地が定まっていて会員数が5人以上。
（4）1団体で応募できる件数は一件に限る。
（5）1団体の助成回数上限は2回。
（6）政治・宗教活動・営利を目的とする事業は対象としない。

こうして選考した助成金額は、県内全域での事業の場合は1団体につき50万円を上限にし、1つの地域での事業は1団体につき10万円を上限に助成する2種類を設け、総額は700万円を上限にしている。

災害復興支援

この市民活動助成金制度は、さいたまコープによる社会貢献活動を推進する一つとして、NPO法人や各種ボランティア団体、市民活動団体、これらの立ち上げ予定団体の活動を応援するため、表1のように2012年度までに、延べ262団体に約4，390万円を助成した。

ここでは、代表的ないくつかの団体を紹介する。これらの団体は、地域の課題解決やよりよい生活の実現のために尽力

表1　さいたまコープ市民活動助成

年　度	助成団体数	助成額（万円）
2007年	53	457
2008年	43	660
2009年	43	796
2010年	42	914
2011年	40	685
2012年	41	878

さいたまコープ市民活動助成金報告会。（さいたまコープ提供 2012年5月21日）

し、さいたまコープ市民活動助成金を活用して更なる活動の幅を広げている。

・**特定非営利活動法人荒川藁《わら》の会**による「自然農法による米の栽培と昭和30年代の里山の復元」：荒川の河岸に広がる不耕作地を農業委員会の仲介で借用し、自然農法によって古代米などを栽培している。里山景観の保全を進め、農地の保全はもとより、放置ゴミの大幅減少や、市民の憩いの場として認知されてきた。整備が進むにつれ、赤とんぼの復活や鳥類の飛来もあれば、動物や昆虫などが増加しつつある。

・**特定非営利活動法人セラピードッグすまいるわん**による「衛生管理とアニマルセラピー活動の充実」：セラピー犬と

表2　さいたまコープ市民活動助成金
　　災害復興支援部門の2012年度助成団体

No	団体名	事業内容
1	相双ふるさとネットワーク	福島第一原発による警戒区域住民の心の復興
2	手あての輪	アロマママッサージで被災者の心と体を元気にする手あての輪を広げる
3	被災地と埼玉をつなぐ会	3.11被災地の人々と埼玉の人々をつなぎ、被災者の生活を支援する
4	広域おやこ劇場ひき北いるま	集団遊びで子育ての孤立化を防ぐ活動「ねえねえ　あそびばたけ　やってみない？」
5	新しい公共をつくる市民キャビネット災害支援部会	アート、音楽を通じての災害者支援「アートインクルージョン」事業
6	すきです。はすだ	蓮田に避難している人々との交流会
7	一歩会	東日本大震災被災者が自立の一歩を踏みだす
8	チェルノブイリ写真展示実行委員会	「中筋純　チェルノブイリ写真展」3・11あれから1年「フクシマ」とわたしたちのくらし
9	ふじみ野市被災者支援活動実行委員会	ふじみ野市被災者支援活動及び交流会
10	ゴーシュうどん倶楽部	震災被災地でうどん教室開催と支援のためのイベント参加

触れ合うことで、症状の回復や軽減もあれば、生活の向上や情緒の安定などの効果が報告されている。セラピー犬用バンダナを作成して着用することで、一般犬との区別がつき、地域の住民にアニマルセラピー活動の理解を得ることができた。

・安心して暮らせるまちづくりの会による「基本的な介護と配食が受けられるしくみづくり」‥新興住宅地の高齢化対策や、農業を守り育てようとの思いから、地域の方々に呼びかけて米作り講座と、あわせてマイケアプラン講習会を開催した。公助、共助、自助により助け合うことができることを学び、立場の違う人たちが役割を分担して協力していく大切さを学んだ。

・フリースペース「こしがや絵本館」による「オープン10周年記念『バリアフリー手づくり布の絵本展』」:「布の手づくり絵本展」や「おはなしとあそびの会」などを行い、オープン10周年にふさわしい記念すべきイベントを実施した。

こうした多彩な市民活動の中から２０１２年は、災害復興支援部門として表２の10団体を選んで助成した。

市民によるいくつもの支援活動が

先に紹介した「手あての輪」や、後の章で紹介する相双《そうそう》ふるさとネットワーク、一歩会、ふじみ野市被災者支援活動実行委員会以外の各団体は、以下のような創意工夫あふれる取り組みで、被災者を支援している。

１、被災地と埼玉をつなぐ会

約30年前から「中国の山村の子どもたちに学校と学用品を贈る会」が活動し、中国の貧しい山村に学校建設費・学用品・衣類などを、秩父《ちちぶ》市の退職教員が中心となって現地の人々に直接手渡してきた。２０１１年3月も夏の中国訪問のために、中学卒業生の上履きなどを集めていた。そこへ東日本大震災が起こり、会は中国行きを延期し、被災した東北支援に転換した。日本で物資支援をすることになるとは思わなかったが、現地の人々に直接手渡す長年の活動は、震災で道路が寸断されても現地に届けきる形で活かされた。この会のメンバーを中心に、元教員・町会・医療生協の仲間などへ支援物資は口コミで広がり、寄付された野菜の販売やカンパなどで資金を賄い、元教員を中心に退職者や生協組合員などで運搬している。中心の秩父チームと川口チームで連絡を取りつつ、陸前高田と気仙沼方面に分かれて支援をしている。

物資の提供も続けるが、今後は被災者の心を潤すことも必要になるので、一人でも多くのスタッフが被災地へ行って被災者と対話をし、文化的なミニ行事を取り入れ、お茶会などを継続して開くことなどを重視している。物資集めに生徒会として取り組んだ川口市のある中学校と、被災者との交流も具体化し、支援活動が生徒たちの教育の場へと発展しつつある。

2、広域おやこ劇場ひき北いるま

広域おやこ劇場ひき北いるまは、埼玉県鶴ケ島《つるがしま》市・坂戸市・東松山市・熊谷市・吉見町・川島《かわじま》町・滑川《なめかわ》町・鳩山《はとやま》町・嵐山《らんざん》町・小川町・ときがわ町・東秩父村で活動するおやこ劇場である。

今回の活動の目的は、震災でコミュニティに甚大な打撃をこうむった地域での子育てを応援することと、親と子が集団で遊ぶことのできる道具とプログラムを提供し、地域ぐるみで孤立化を防ぐことにある。２０１１年の「子どもたちの笑顔のための　ゆび人形プロジェクト」で、鶴ヶ島市民活動推進センターにおいて毎週火曜と木曜に作った3，０００個のゆび人形を、陸前高田市の全公立保育園に届けた。

２０１２年は、春から手作りでおもちゃを揃え、被災地の困っていることの聞き取りをし、「あそびばたけ ｉｎ 東北」の準備をスタートさせた。夏には「おためしあそびばたけ」を実施してプログラムを修正し、秋の現地での実施を迎えた。

3．新しい公共をつくる市民キャビネット災害支援部会

新しい公共を掲げる政権に対し、ＮＰＯ等の側が結集して政策提言をする機能の必要性から、２０１２年1月に新しい公共をつくる市民キャビネットを設立した。従来の陳情組織とは異なり、ＮＰＯや市民団体が公益活動を自らの責任で担い、政権が目指す「新しい公共」を実現する政策推進の組織である。新しい公共とは、市民の政治参加によってこそ実現することであり、市民キャビネットは新しい公共を実現する政策提言の市民参加プラットフォームである。

具体的な活動では、この災害支援部会とＮＰＯ国境なき楽団が共同して行うステージカーつばさ号を使った東日本大震災復興支援全国キャラバンと、複数アーティストの参加による被災者への応援歌である、オムニバスＣＤの発表イベントをして復興を支援した。

4．すきです。はすだ

蓮田《はすだ》市に避難している人々が孤立しないように、語らいの場を開設して交流を深めることを目的にしている。このため2012年4月には花見会や、毎月第1木曜と第3火曜の2回は「地域の茶の間れん」の語らいの場を開設している。

5．チェルノブイリ写真展示実行委員会

「中筋純《なかすじじゅん》　チェルノブイリ写真展」を通して、今回の原発事故によるフクシマを自分たちのくらしに引き寄せて学び、考え行動することが目的で、併せて武藤類子さんによる「フクシマを語る」のテーマで講演会も開催した。

こうしてチェルノブイリやフクシマの原発事故を風化させず、また原発事故によって脅かされている最も身近な食の安全・安心について、広く関心を持ってもらうことにつなげている。

6．ゴーシュうどん倶楽部

被災者が元気を取り戻すためには、継続的に支援する一人ひとりの気持ちが必要で、各地でうどん教室を開催したり、支援のイベントに参加して助け合いの輪を広げている。

なお子育て支援のＮＰＯや障がい者団体や地域で活動してきた仲間が、家庭と職場との中間支援をして若者の自立を手伝う目的で、2006年に、うどん店ゴーシュを設立し、倶楽部はゴーシュの社会的活動をサポートしている。

それぞれの市民の手による団体の取り組みが、さいたまコープの助成も貢献し、各地で復興支援の輪として広がりつつある。

第8章

I LOVE ふくしま
相双《そうそう》ふるさとネットワーク

福島県の浪江町と南相馬市出身の同級生7人が協力し、古里の復興支援のため立ち上がった。

「生き抜いていきましょう」

「震災から516日たちました。本当に長く、辛く、そして悔しいですよ。何で避難しなければならないのでしょうか。腹が立ちます。

しかし、そんなことを言っていても前に進まなくてはなりません。見事に再生し、地元に戻ることが目標です。がんばって、がんばって、一緒に生き抜いていきましょう」

浪江町長の馬場有さん（63歳）が、ステージから力を込めて挨拶《あいさつ》すると、聞いていた人たちから大きな拍手がわいた。

2012年8月4日のことであった。広島の平和式典へ向かう途中で、わざわざ町長は寄ってくれた。朝から30℃を超える猛暑の中で、JRさいたま新都心駅近くのさいたまスーパーアリーナの前にある「けやきひろば」で、相双ふるさとネットワークが主催し、昨年に続き「がんばろう　ふくしま　つながろう　さいたま2012」が開催されていた。テーマは昨年が「再会」で、今回は「風化防止」である。なおこのイベントには、さいたまコープ・さいたまNPOセンター・埼玉県弁護士会が協力し、福島県・南相馬市・浪江町・さいたま市が後援していた。

中央の広場では、双葉町婦人部による相馬流山踊りが披露された。「ボー、ボー」という豪快なほら貝の音に続き、30名ほどが黒い陣笠に白い野袴《のばかま》姿で広場に出てくると、扇子《せんす》や柄杓《ひしゃく》を持つなどして優雅に舞っていた。踊りの歴史は古くて平将門《たいらのまさかど》の伝説にも関連し、野馬を追う一種の軍歌でもある。

踊りの後で、会長の中村富美子さん（70歳）に話を聞いた。

「昨年は女性だけでしたが、今年は４名の男性も踊りに加わりました。震災の後で埼玉の皆さまには大変お世話になっているので、何かお礼をしたいと考え、感謝の気持ちを込めて皆で踊っています」

支援を受けるだけでなく、伝統芸能を披露してお礼の気持ちを伝えていることに、前向きに進もうとしている双葉町婦人部の方たちの心意気を感じることができた。

後日の１１月19日に、埼玉大学におけるさいたまコープの寄付講義において、中村さんは次のように学生20名へ語った。

「津波から逃げたその日から、おにぎり生活が始まりました。スーパーアリーナでたくさんの方たちから、温かいご支援を頂き感謝の日々でした。しかし、それがいつしか違う思いになってきたのです。毎日の食事の時間になると、茶色の段ボール箱の切れ端を持って長い列に並びながら、今まで味わったことのない思いを感じるようになったのです。避難している仲間も、皆同じ気持ちになっていました。避難所の片隅で、婦人会の仲間と『悔しいねー。惨めだね……』と話し涙流しながら食べました。感謝の気持ちと同時に、

がんばろう ふくしま つながろう さいたま2012。(2012年8月4日)

いつまでも頂き続けることが惨めに強く感じたのです。

でもそんな中でもうれしかったのは、コープさんの作ってくれる味噌汁でした。国の支援で頂くお弁当とは、違うものを町民は皆が感じていました。何か前に進む応援を頂いている味噌汁でした。その人の温もりのある味噌汁を頂いて、皆で涙しました。

『私たち、支援してもらうだけではだめだね』と。双葉町の井戸川町長が、子どもたちのために役所ごと埼玉まで出てきたのだから、私たちも立ち上がろうとも話しました。その一つの恩返しが、私たちの故郷の相馬流山踊りでした。これもさいたまコープさんから、『埼玉県民と組合員さんに披露してもらえませんか』と声を掛けていただき、とてもいいチャンスとなりました。踊りを披露する前に、呼吸を合わせるために婦人会が中心となり、何度も練習しました。本番のコープフェスタでは、久々の衣装を身にまとい、深い兜《かぶと》をかぶって故郷を思う気持ちで踊りました。兜で顔が見えなかったものの嗚咽《おえつ》が聞こえ、故郷を思い出しながら皆泣きつつ踊りました。その晩は、コープさんの配慮で宿をとっていただき、全国に散らばっていた婦人会メンバーの再開場面であったと同時に、1年ぶりにお茶碗のご飯を食べたのです。そこでも涙が止まりませんでした」

どうにかして自らの足で歩いて行こうとする中村さんの思いが、よく伝わってくる。

福島浜通りの品々

ステージの前の広場を取り囲むようにして、全部で20張りのテントが設置され、それぞれが震災復興のために工夫した商品や活動を紹介する場となっていた。

上品な青磁色をした湯呑みや皿などを並べ、大堀《だいぼり》相馬焼の販売をしていた。浪江町の大堀地区において300余年続く伝統ある焼き物で、器全体に網目模様が広がっている「青ひび」や、狩野派《かのうは》に発するとのいわれを持つ筆法で相馬藩の御神馬を手描きした「走り駒」、さらには入れたお湯が冷めにくく、熱い湯を入れても持つことができる二重焼という特徴などにより、経済産業大臣指定伝統的工芸品にもなっている器もある。

また素材と釉薬《ゆうやく》との収縮率の違いから、焼きあがったとき陶器の表面に繊細な音を伴って細かい亀裂が入り、このときに出る貫入音《かんにゅうおん》は、〝うつくしまの音30景〟にも選ばれている。地震ではかなりの被害があり、また放射能汚染により立ち入りが禁止されたため、避難先の福島県二本松市で共同の窯を利用し伝統を守っている。

他にも被災地からの商品としては、B１グランプリに出場した太麺が特徴の「なみえ焼そば」や、さいたまコープが２０１１年の東北復興支援で宅配商品に取り上げたこともあって、認知度が高く早々に完売した株式会社菅野漬物《かんのつけもの》食品の「タマゴヤ　相馬きゅうり漬け」、有限会社松月堂の餡《あん》とパイ生地の和洋折衷のお菓子「浮舟」、小麦栽培から製粉や製麺まで独自の研究を重ねた有限会社高《たか》ライスセンターの乾麺の多珂《たか》うどん、会場で販売中のきゅうりに付けた今村味噌醤油店の味噌、会津の花泉《はないずみ》酒造合名会社と、津波で蔵を流されたが奇跡の復活をした浪江の株式会社鈴木酒造からの、こだわりの美味しい日本酒もあれば、さらには猪苗代湖《いなわしろこ》地ビールなどもあった。

ＪＡ福島のコーナーでは、「一桃入魂」と書いたポスターの下で、大きな桃がいくつも並べてあり、次々に利用者が購入し二日目の昼には完売していた。

こうしたテントの販売には、何人ものボランティアが応援に駆けつけ、南相馬市から借りた半被《はっぴ》を着て、炎天下にもかかわらず通りに立って大きな声を出していた。

さいたまコープは、2011年と同じく3つのテントを出店し、フランクフルト、綿菓子、かき氷などを販売した。組合員のボランティアの中には親子もいて、楽しみながら接客などをしていた。またイベントのポスターを、体の前後に紐《ひも》でつるして駅の改札近くに立って来場の呼び掛けもした。

物販以外のテントもあった。本部の横のテントでは、埼玉弁護士会による無料相談会が2日間あり、震災前後の所得や資産や家族構成や生活のことなど、全てを申請しなくてはならない原発事故損害賠償請求について、法律家の視点から親身になってアドバイスしていた。

その隣のテントは、埼玉県で避難生活を送っている方や、支援者をつなぐ団体である震災支援ネットワーク埼玉（SSN）が運営していた。

昨年も参加して会場を盛り上げていたのは、ライオン株式会社のキャラクターである緑色のぬいぐるみのライオンで、子どもたちに囲まれて一緒に写真を撮るなどし、来場者を笑顔にしていた。「愛の精神の実践」を社是にするライオンから提供してもらった洗剤などの人気商品は、会場で1，500円以上を買ってくれた方へプレゼントした。

また、会場では、福島県民なら誰もが知る新聞『福島民友』を、両日500部ずつ提供してもらって希望者に渡し、本部裏側の通路には浪江町の震災後の写真を展示していた。

感謝をこめて踊る双葉町の皆さん。(2012年8月4日)

「子どもたちに遊び場を」というコンセプトで、楽しく運営しているのは南相馬市の「みんな共和国」である。南相馬市に届いた支援衣料から不要になった一部を分けてもらい、その生地やボタンを使って参加者と一緒にたくさんの笑顔を作り、横2メートル、縦1メートルほどの赤い布に乗せて笑顔旗を作った。なおこのユニークな旗は、10月にスーパーアリーナで開催されたコープフェスタ2012でも展示していた。

多くの市民団体が協力し、「がんばろうふくしま　つながろう　さいたま2012」を開催した。

心の復興を目指す相双ふるさとネットワーク

「がんばろう　ふくしま　つながろう　さ

いたま2012」を主催した相双ふるさとネットワークは、福島県の浪江町と南相馬市で生まれ育った同級生7人が、古里の心の復興を目指して活動をスタートさせた。立ち上げたホームページのトップには、「I LOVE ふくしま」に続けて、福島県の形の中に以下の文章を入れている。

「福島の一番の強みは、故郷を愛して戻りたいと願う気持ちだと思う。その気持ちを、この先、長い年月を通じて維持しなければ復興はありえない。そのためにはどんな形でもいいから、福島とつながっていることが大事。1人より2人、2人より3人でつながっていることが大事。私と福島県民でもいい、私の友達と福島県民でもいい。つながっていることを感じなければ、復興はありえない。私がたどりついた答えは、つながることです」

なお相双とは、福島第一原発から20キロ圏内にある自治体の、南相馬市・浪江町・双葉町・大熊町・富岡町・楢葉《ならは》町を指す相馬・双葉地区から1字ずつ取った造語である。

浪江町出身で代表の太田恵美子さん（34歳）に、まず設立への経過をたずねた。

「国や町からの情報もなく、とにかく最悪な中でベストを被災者の各自が判断し、それぞれがバラバラに逃げました。結果として今までのコミュニティは崩れ、すぐ隣に住んでいた人や同僚でさえも、行方がわからない日々が続きました。

首都圏にも多くの被災者が逃げてきたにもかかわらず、私たち同郷の出身者は、何もすることができませんでした。それでもスーパーアリーナや市営住宅などに避難した方と話すだけで、皆は泣きながら喜んでくれました。何も説明など必要なく、同じ痛みや不安を共有していたからで、方言で話せることも大きかったようです。同じ古里の出身者だからこそ理解できる強みを活かして、地元の復興に貢献しようと考えたのです」

そこで中学の同級生に呼び掛けて支援団体を立ち上げ、今では16人が会員となって協力しあっている。太田さんの被災者に寄せる思いは深い。

「岩手や宮城と違って、福島県の復興の道のりは、長くて険しいのです。東京電力福島第一原発が廃炉になるまでの30年間は、今からではなく核燃料の処理が終わってからになるでしょう。その長い間は、誰が支援してくれるのでしょうか。地元で生まれ育った私たちが繋《つな》がりを作り、古里の人たちを細く長く助け合っていくしかありません。

精神的に負った傷は、どれほど深くなっているかわからず、これ以上さらに傷つくのか、もしくは終わりなのか誰も予測できません。学生時代に一緒に過ごした友だちや、原発で働いている仲間たちが、10年後になって一斉に病気になったとしたら、その時に皆で助け合うことができるかと考えると、本当に怖くて心配です。10年後の恐怖と、30年後の未来を待つ勇気が今はないのです。

でも怯《おび》えてばかりではだめなことを、浪江の幼なじみや仲間から教わりました。30年後に向けた勇気を築くには、出身者と被災者のネットワークが絶対に必要です。だからその土台を作るために、埼玉県に点在する福島で被災した人たちのネットワークを広げたい一心です。相双ふるさとネットワークは、地元に帰りたい離れたくないと願う心の復興を応援します。

私たちが活動することで、少しでも多くの人々に福島の現状を理解していただき、原発事故を風化させないよう努力していきたいものです」

思いの熱い女性である。

お正月ふるさと会

２０１２年1月9日の10時から埼玉県の嵐山《らんざん》町にある国立女性教育会館で、相双ふるさとネットワークの主催したお正月ふるさと会が開催となった。これはさいたまコープ、埼玉県労働者福祉協議会、with you さいたま、埼玉総合法律事務所などが協力し、埼玉県内の避難者と支援する人々を含めて約３００人が参加した。

大交流会の体育館では、なみえ焼きそば、餅つき、豚汁、綿菓子、ポップコーンがふるまわれ、さらには弁護士相談やじゃんけん大会や抽選会を実施した。

さいたまコープからは、豚汁、いか人参、相馬きゅうり漬け、綿菓子を提供して食べてもらい、北海道のボランティアグループによる手作りの靴下カバー約２００足を渡し、その他にも「なみえ焼きそば」や餅の食材を提供した。また、子育てのＣｏｃｏ（コッコ）ルームスタッフと組合員のボランティアが、子どもの遊びスペースで、ボール遊びや読み聞かせや本の提供などをした。

交流会の後は、２０００年の三宅島噴火に伴う全島避難により、離れ離れになった仔犬ロックと、その飼い主一家との絆を描く感動の映画「ロック～わんこの島～」の上映があった。

参加者の感想である。

「埼玉県は気候的に住みやすいです。かつての町の仲間は、福島県内に避難されている方もたくさんいます。多くは浪江の仮役場のある二本松市をはじめ、白河市やいわき市にいます。また、金沢、山形、新潟へも、親類を頼って避難しています。北に避難した人たちは冬場の生活に苦労し、車の運転で相当事故が起きているようです。仮設で生活している高齢者は、雪の中で買い物に行くことができず困っています。お金が手元に入るまで時間がかかり、私たちのような避難者は肌着1枚から買い始めたので、昨年は３５０万円くらい使ったかな。

震災翌日の３月12日は、一時避難した体育館で放送が流れ、原発が危険な状態になったので避難するように言われました。皆は蟻《あり》の集団のように北や南へと分散し、それから浪江の住民は散らばってしまいました。

この交流会は本当に心の支えで、こんな状況の中で結局は、自分の意思で今後の事を決めていかなくてはなりません。それが正しいのかどうか分かりませんが、自分の考えを聞いてもらう友人が欲しくて毎回参加しています」（浪江町出身でさいたま市に避難）

「さいたまコープさんには、お世話になりました。土呂《とろ》（さいたま市北区）の人材開発センターに避難していた時、毎回のようにインスタントの味噌汁やスープを提供していただいたり、カレーライスや豚汁を町内会の方々と振舞っていただいたご恩は一生忘れません。

避難所は5月末に閉鎖すると言われ、最後まで行き場のない私たち親子をはじめ、20家族が困っていました。ある日、開発センターから連絡があり、『明日、新しい避難所に移っていただきます』と言われ、翌朝センター前にバスが来て、私たちを乗せて動き出しました。行き先も言われず、降ろされたところは籠原《かごはら》のビジネスホテルでした。一緒に教室で励ましあっていたご夫婦は、熊谷に行ったようです。現在は、久喜《くき》に自分たちの力で借り上げ住宅を探し暮らしています」（浪江町出身で久喜市に避難）

それぞれ大変な中で、相双ふるさとネットワークの交流がホッとする場になっている。

第9章

一歩だけ前へ
一歩会

福島からの避難者と埼玉の支援者が協力し、自分たちにできる一歩を楽しく進みつつある。

あすへの一歩

「♪ふと立ち止まり　北の夜空を見上げれば
　ふるさとの友　どこでどうしているのだろう
家族と連絡も取れずに　体中の血が凍った日
　心繋《つな》げば大丈夫　乗り越えられる
明るい明日を信じて　一歩から始めよう
（間奏）
ふるさとの空　流れる雲に心のせて
　伝えておくれ　出逢いの友は悲しみ包み
みんなの笑顔と優しさで　夢と希望を胸に歩む
　愛を繋《つな》げば大丈夫　強くなれる
明るい明日を信じて　一歩から始めよう
　一歩ずつで　いいから」

「あすへの一歩」（作詞　一歩会、作曲　本田裕子）の伸びやかな明るい歌声が、ゆっくりと２００名ほど観客のいる広い会場に響き渡った。舞台の正面には長い髪でドレス姿の若い心音《ここね》さんが立ち、横では黒いジャケットを着た母親の本田《ほんだ》裕子《ゆうこ》さんがグランドピアノを軽やかに弾いていた。親子ユニット〝CO906（こころ）〟である。

他には、東日本大震災の3日後に心音さんの創った「ぼくの願い」で、「微力だが無力でない」と歌い、「傷だらけのエンジェル」などのオリジナルソングも流してくれた。

2012年11月15日の午前10時から午後8時まで、南越谷《みなみこしがや》コミュニティセンターのサンシティホールで、「歌を愛する市民と一歩会の集い」のイベントがあった。

朝から夕方までは、素人のカラオケとプロの演歌歌手が順番に歌い続け、午後6時から8時まで一歩会のプレゼンタイムとなり、会員を中心に歌や劇などの出し物があった。

親子ユニットの次は、いわき市久之浜から越谷市へ避難している久野《くの》ミヨ子さんによる、赤いジャケットの人形の太郎君を抱いての腹話術であった。コミカルな笑いも取りながら久野さんと太郎君の会話がすすみ、最後は福島民謡「会津磐梯山《ばんだいさん》」で閉めた。

3番目は、福島県浪江町から越谷市に避難している石上清夫妻によるダンスで、男性は黒の上下でシックにきめ、女性は輝く黄色のミニスカート姿で、ジルバ、チャチャチャ、ルンバの曲に乗り、舞台狭しと2人で楽しく舞っていた。

4番目の出し物は「避難者の声」で、大船渡市において大津波に襲われた圓井《まるい》みさ子さんの文を持って、一歩会の事務局長である安齋作子《あんどうさくこ》さん（66歳）が替わって登場し、南相

一歩会のいちご狩り交流会。（大石美恵子さん提供 2012年2月20日）

馬市からの避難者である鎌田《かまた》トク子さんと舞台の椅子に腰を掛けた。2人とも同じ赤のTシャツで、胸には会のマークの笑顔があり、その下に一歩会と書いてある。

大船渡では津波が押し寄せてきたときに、家庭のガスボンベに引火し、「ボーン」「ボーン」と音を立てて街中が燃えたことを安齋さんは凛《りん》とした大きな声で話し、鎌田さんは家へ津波による流木が突っ込んで大破したことなどを淡々と語り、それだけリアリティがあり、聞く人の涙を誘っていた。

最後は、福島県浪江町の出身者を中心に、避難生活をしている若いお母さん方の食育劇で、骨の健康を守るためにも食べ物に注意することが大切であることを、手作りの絵やおもちゃなどを使って、子どもでも興味を持つことができるように明る元気に演じていた。

一歩会とは新しい家族であり共に生きる仲間

越谷市では震災直後の3月18日より、老人福祉センターに福島原発から30キロ圏内の被災者を受け入れた。その避難所は3月31日をもって閉鎖になり、このままばらばらになって暮らすのでなく、これからも皆で繋《つな》がって自立の一歩を踏み出そうと会を設立した。その間のいきさつは、一歩会のチラシにある新妻敏夫《にいづまとしお》会長（63歳）のあいさつ文で以下のように触れている。

「一歩会誕生と新たな家族

震災から一夜明けたあの日、福島第一原発から20㎞圏内に自宅があり、『原発が危ないから逃げろ』といわれ、私たち家族は楢葉《ならは》町を出ました。それから2日後、妹の住む埼玉県越谷市に何とかたどり着きました。越谷市では3月18日より福島第一原発から30㎞圏内の被災者を受け入れており、そこにしばらく避難していましたが、3月31日をもって避難所を出ていかざるをえませんでした。

その時、このままではせっかく避難所で出会い一緒に過ごした同郷の仲間と、てんでんバラバラになってしまうと思い、これからも皆でつながって自立の一歩を踏み出そうと、

36名で浜通り一歩会を結成しました。

その後、福島県以外からの被災者も仲間に加わったため会の名から浜通りを取り、一歩会と改めました。今では、多くの仲間が全国に広がっています。

しかし、このような流れができたのも、避難所にいる時から何度も足を運んで私たちの声を聴き、まるで身内のように接し行動してくださった、安齋作子さんたち越谷市民の方々がいたからで、そうした皆さんは新しい家族であり共に生きる仲間です。そして越谷は新たな故郷となりました。

これらの体験は、たくさんの気付きを与えてくれました。もし楢葉町に帰れたら、今度は私が町のため、他の人のために尽くしたいと思っています。我がことのように動いてくださった皆さんのように」

また事務局長の安齋作子さんは、次のように会を紹介している。

「一歩会とは、東日本大震災で被災し、困難に満ちた状況から、自立に向けて一歩踏み出した仲間と、その仲間から学び、日本の未来を信じ共に歩む仲間たちの会です。ちゃんと泣き、ちゃんと喜び、ちゃんと笑える。共感共苦。出逢いに感謝」

なおこの言葉の横には、にこにこサイクルとして一筆書きでハートのリボンを付けた可愛い笑顔を描き、丸顔にそって、「㋕感謝」→「㋖希望」→「㋗工夫」→「㋘謙虚」→「㋙貢献」

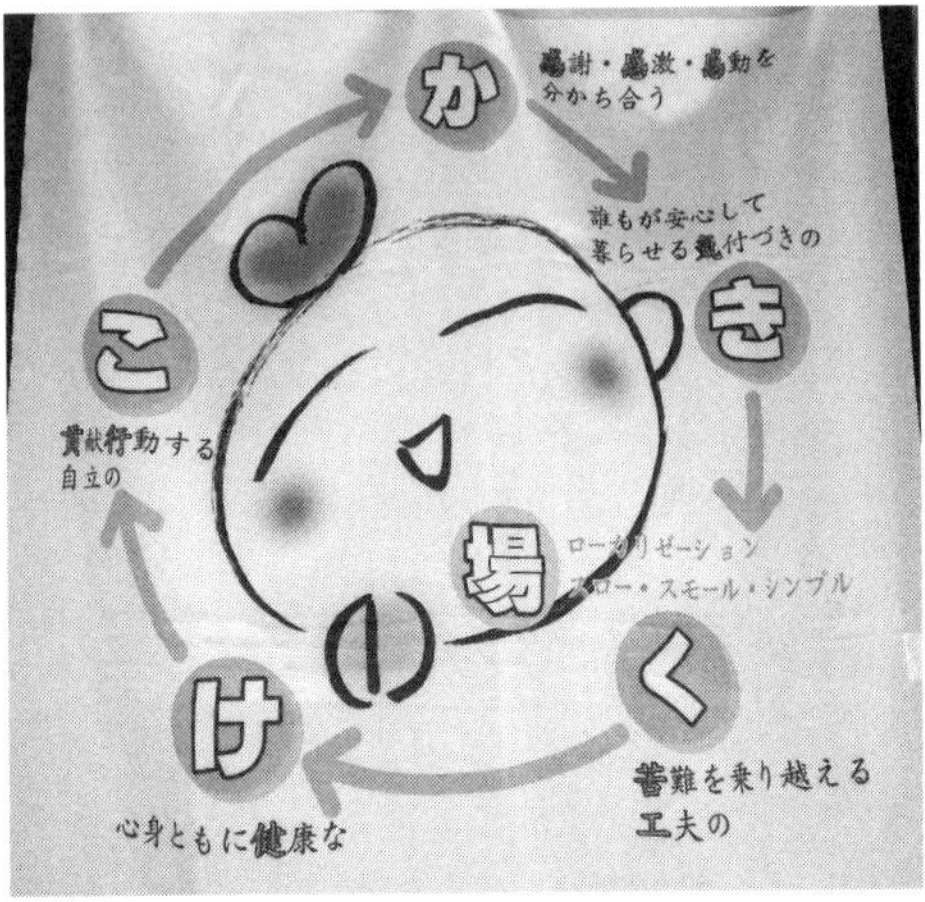

一歩会 にこにこサイクル。(2012年11月15日)

と載せているので、一目で一歩会を理解することができる。

まだ大変な震災直後の3月末から、自分たちにできることは主体的にしようと、自立の一歩を仲間と共に踏み出していることが凄《すご》い。

こうして一歩会は、東日本大震災の被災者が自立するために、市民と一緒に地域社会の中で交流を図り、交流会・学習会・支援活動・体験を伝えるなどで、共に助け合う活動をすることを目的とした。家族単位で年に４，０００円の会費を集め、２０１２年11月現在で埼玉県越谷市を中心に全国で約３００名の会員がいる。

「あすへの一歩」の歌で元気に

２０１２年1月22日のことである。一歩会の会員15名が集まり、自分たちのテーマソングを持ちたいと願い、歌詞を一緒に創ろうとしていた。

最初は全員で震災に関する思いを自由に出し合い、次に被災者と支援者の２グループに分かれて話し合いを続けた。

特に被災者のテーブルでは、それぞれが震災当日のことを思い出し、重い空気が漂っていた。巨大な津波に襲われて、やっとのことで高台に逃げた恐怖感もよみがえれば、濁流に飲み込まれていった家族や近所の人の顔も浮かぶ。ずっと我が子のように可愛がっていたペットの犬や猫の姿が、突然見えなくなって何度も名前を呼んだが戻らず、何日も涙を流して泣いた。立っているのがやっとなほどの大きな揺れの中で、塀が倒れ屋根の瓦が落ちる光景を目にし、古里の崩壊に全身がこわばった。

それぞれの被災者は、当時の不安や恐れなどの全てを言葉にできないもどかしさにいらだち、ただただ熱い涙を流した。そうした人たちに新妻会長は、ティッシュの箱をそっと側に置いてまわった。

こうして一歩会の歌創りの全体をまとめていったのは、親子ユニット〝ＣＯ９０６（こころ）〟の本多裕子さんであった。２００８年10月から翌年の３月まで、ＮＨＫ文化センターで「たった一枚のＣＤ作り」の講師をし、受講生全員の詩を歌にして、世界に一枚しかないＣＤをそれぞれに作ることもしていた。また娘の心音さんは、高校の頃から作詩作曲をしてきたので、その時の感動や家族の素晴らしさを、もっと多くの人に伝えたいと願い、２０１０年から母娘で一緒に舞台へ立っていたので、一歩会の歌を創る相談があったときに、喜んで協力することを約束した。

こうしてそれぞれの想いを楽譜に載せ、一歩会のテーマソングである「あすへの一歩」が完成した。

ヨットやイチゴ狩りで楽しんで

当初から一歩会は、会員の交流の場づくりを積極的に取り組んできた。

１回目は２０１１年４月29日に、越谷市にある大型ショッピングセンターのイオンレイクタウンで「浜通り一歩会　笑遊会」を開き、被災者とボランティアスタッフを合わせて約60人が参加した。越谷市民３人のボランティアサークルによるハーモニカの演奏にあわせて、童謡や懐かしい歌を歌ってリラックスした時間を過ごした。また越谷ウォータースポーツクラブの協力で、小型の安全な二人乗りヨットであるアクセスディンギーに乗せてもらい楽しんだ。

参加者の声である。

「みんなに逢えて元気をもらった」

「ヨットに乗って子どもたちの笑顔を見ることができ、自分も笑顔になれた」

「水辺の景色が綺麗《きれい》で、越谷がますます好きになった」

一歩会の1回目のイベントは、こうして皆の笑顔とともに無事終わった。

2回目は、２０１１年5月20日に農業技術センター観光いちご農園での開催となり、赤くなった「紅ほっぺ」や「章姫」を味わいながら、74人が交流した。

２０１１年12月23日には、南越谷一丁目の中央グリーン開発ビルでクリスマス会を開催した。会には越谷市内をはじめ、春日部《かすかべ》市、草加市、千葉県松戸市などから、子どもから大人まで１４０人の会員が訪れ、「お元気でなにより」とか「久し振り」の声を交していた。

新妻会長が「原発や放射能には勝つことができないが、みんなで一緒に語り合い、帰るまで頑張っていきたい。今日は楽しくやっていこう」とあいさつし、コンサートとビンゴ大会で盛り上がった。

越谷市内の音楽グループ「ファミリーソング　ライターズクラブ」が、軽快な「聖者の行進」で演奏を開始した。子ども向けのアニメソング、クリスマスソングメドレー、大人向けの懐かしい「寒い朝」や「銀色の道」、一歩会にちなみ「３６５歩のマーチ」、「歩こう」などを1時間以上にわたり披露し、「上を向いて歩こう」でコンサートを閉めた。

ビンゴ大会は「がんばっぺ福島！　ビンゴ大会」と称して、世帯に1枚手渡されたビンゴ用紙の９マスの空欄に、福島の20市町村から選択した9市町村名を記入し、司会者が読み上げる市町村名がタテ、ヨコ、ナナメのいずれか2列で並ぶとビンゴとなる。石油ストーブや越谷市内の有名焼き肉店の商品券、電気毛布、コーヒーメーカー、朝採り野菜などの景品は、中央グリーン開発株式会社の社員とポラスグループのボランティアクラブの会員が持ち寄ったものであった。

また、クリスマス会では、ＪＡ越谷市女性部からの「太郎兵衛もち」や、新聞で一歩会を知り東秩父《ひがしちちぶ》村からある人の持参したユズと手作りユズジャムなども、参加者にプレゼントされた。

じゃがいもを収穫して調理

中島自治会（越谷市増林《ましばやし》地区）が無償で貸してくれた約６６０平方メートルの畑に、一歩会では２０１２年3月下旬に、越谷くらしの会の支援金でじゃがいもを植えた。その後順調に育ち、７月１日には中島自治会の委員の他に、越谷くらしの会や埼玉県立大の学生など約１５０人が、汗を流しながら一緒に収穫した。そのじゃがいもは、自治会の集会場でさっそく肉じゃがとカレーライスの材料として使い、参加者で楽しく一緒に食べた。

ある参加者の感想である。

「避難生活が1年4カ月にもなり、これからは人と人のつながりや、地元との結びつきが大切になります。同じ料理を食べながらの交流会は、ややもすると家に閉じこもりがちな避難者が、外に出るきっかけになって気分転換ができます。地元の自治会の方たちとの交流ができてよかったので、同じ動きが他の地域にも広がってくれればうれしいですね」

なお、今回のじゃがいも掘りに参加し、後片付けを最後まで手伝った学生で、各地の被災地へボランティア活動をしている「がんばっぺ！ＳＰＵ」のメンバーが、いわき市へ復興視察のツアーを企画するなど、一歩会には多様な人々が関わっている。

毎月の多彩な交流会

こうした多彩な交流会を、一歩会は毎月開いているから凄い。以下がこれまでの交流会である。

２０１１年

第１回　４月29日　レイクタウン大相模《おおさがみ》調節池のヨット体験に約60名参加。

第2回　5月20日　農業技術センターで越谷市共催のいちご狩りに74名参加。
第3回　6月10日　春日部市在住の方も来て約80名参加。
第4回　7月10日　健康ランド「らぽーれ」に招待された交流会に約200名参加。
第5回　8月18日　サマリアでの交流会に42名参加。
第6回　9月19日　花田三丁目自治会館での交流会に72名参加。
第7回　10月1日　宮代町アミューズメントパーク「新しい村」の交流会に50名参加。
第8回　11月6日　さいたまアリーナでの交流会に参加。
第9回　12月23日　中央グリーン開発株式会社（ポラスグループ）の交流会に140名参加。

２０１２年

第10回　1月8日　ふるさと会新年会女性会館の交流会に20名参加。
第11回　2月20日　農業技術センターでのいちご狩りに66人参加。
第12回　3月11日　中央市民会館の東日本大震災から防災を考える市民フォーラム「明日へのステップのために」に250名参加。
第13回　4月8日　中央市民会館での一歩会総会交流会に60名参加。
第14回　5月12日　さいたまコープ助成金活動発表交流会に60名参加。一歩会の歌「あ

　すへの一歩」交流会に70名参加。

第15回　6月10日　増林地区センターでの「ワンピース」上映会に80名参加。サンシテ
　ィ小ホールでのコンサートに４００名参加。

第16回　7月1日　じゃがいも収穫と交流に１５０名参加。

第17回　8月25〜26日　阿波踊り大会に参加。

第18回　9月16日　越谷めぐり〜越谷の史跡等を散策〜

第19回　10月14日　増森餅つき交流会に77名参加。

第20回　11月15日「歌を愛する市民と一歩会の集い」に２００名参加。

　こうした毎月の交流会の他にも一歩会では、棒をくるっと回転させると光沢のあるテープがフワーッと広がり、シャボン玉のような形になるおもちゃの「くるくるレインボー」と、空き缶４本を利用した創作楽器「水カンリンバ」の制作交流、スパリゾートハワイアンズへのバス旅行、岩手県は大槌《おおつち》町や陸前高田市、宮城県は石巻市や女川《おながわ》町の被災者への慰問、ひまわりプロジェクトの種まきなどに取り組み、一人ひとりの復興につなげようと精力的に動いている。

明日を信じて

２０１２年６月26日に越谷市のある小学校で、新妻会長が「命の授業」に協力した。いわき市の仮設住宅に小学生の孫を持つ新妻さんは、孫と同年代の埼玉の小学生へ静かに震災のときのことを語った。地震と津波や原発事故で、多くの尊い人や動物の命が犠牲になった事実や、越谷に避難して１年２カ月たち、多くの越谷市民やボランティアの方々が、家族のように避難者を支えてくれたことに感謝の気持ちも伝えた。また忘れられていく震災のことや、今でも古里に帰る目処《めど》が立たず、先の見えない不安のまま過ごす人のことも話し、こうした悲惨な出来事を二度と起こさないためにも、皆さんに被災者のことを知ってほしいと語りかけた。

新妻さんに、避難生活の過酷さや命の大事さについての話を真剣に聞いた児童から、お礼の手紙がたくさん届いた。その１つである。

「新妻さんが体験をした地しんのお話を聞いて私は、いつもあたりまえにいっしょにいる家族や友達が、どんなに大切で幸せであるか分かりました。一歩会のみなさんで作った『あすへの一歩』の歌も聞いて、これからつらいことがあったら、明日を信じて生きていけたらいいと思いました。

またこの歌で、一歩ずつでも進み強くなっていきたいと思いました。これからは大人に

なってからも日本を支えられるよう、なにごとも希望を持ちつづけて明るい日本にしたいと思いました」（小学6年　女子）

あらゆる命を大切にしたいと願う新妻さんの優しい気持ちは、しっかりと越谷の子どもたちの胸に届いていた。

前を向いて歩いていく勇気

各地にいる一歩会の会員から、大変な中でもどうにかして歩いていこうとする声があがっている。

「二人の小さな子どもがいる私たち夫婦は、仕事のある夫を福島に残して自主避難する道を選択しました。結果は数十年先にしか出ないかもしれないけれど、子どもの未来を守るため、悔いを残さないための決断です。

しかし、地元では『故郷を捨てるのか』と言われ、避難先では自主避難なので支援を受けられず、辛い思いをしました。そんな時に一歩会を知り、同じ境遇の人たちとも出会い、『一歩会　ママの会』を立ち上げ、前を向いて歩いていく勇気をもらいました」（30代女性　郡山《こおりやま》市から春日部市に避難）

「船を見に行った漁師の夫と息子は津波に流され、引き波で戻ったところを松にからんでいた藤づるによじ登り、松の木のてっぺんで共に悪夢の一夜を過ごしました。

今は漁港近くの仮設住宅に住み、何もかもが流されましたが、せっかく助かった命で、ボランティアに訪れる人々に感謝しつつ、夫たち漁師はカキ養殖のプロジェクトを立ち上げました。みんなで力をあわせ、全力で復興を目指しています」(60代女性　石巻市の仮設住宅)

「一緒に逃げた友人や近所の人は、波にのまれてしまいました。助かった私たち夫婦は、愛犬を連れ避難先を何カ所も回った末に越谷へ来ると、気にかけて何度も家を訪れてくださる方があり、少しずつ打ちとけていきました。一歩会の交流会にも参加しましたが、福島出身でないので申し訳なく、初めは話すことさえできませんでした。

そんな中、生まれ故郷の函館《はこだて》の親戚や友達が『帰って来い』と言ってくれ、動けるうちに帰ろうと決心し9月に移りました。越谷でたくさん親切にしていただいたことは忘れません」(70代男性　陸前高田市から越谷市を経て函館市へ)

「富岡町から4家族で越谷に避難し、一歩会に出会えたことと、越谷市民に本当に感謝しています。一歩会の仲間には、被災者の他にも活動を共に続けてくれている地元住民の方々がいます。ある方は震災前に焼き鳥屋を営んでいた私を、飲み屋やカラオケに連れ出してくれ、また一歩会にと畑を無料で貸していただきました。

福島県の仮設住宅で避難者と一歩会の皆さん。（大石美恵子さん提供 2012年2月3日）

私は毎日散歩しながら人に声をかけたり、畑の手入れなどをしている中で、福島名物のなみえ焼きそばの店を越谷で出してくれる方に巡りあい、現在はその店を任されています。一歩先に出て、こちらから声をかけて仲間に入っていけば、生きる道は開けることを、避難生活の中で改めて学びました」（60代女性　双葉郡から越谷市へ）

「浪江町から何カ所もの避難所を経て、ようやく越谷の狭いアパートに3世帯8名で避難できたのが、小学校入学式の直前でした。不自由な生活ではありますが、一歩会を通じて多くの人と出会い、楽しみもできました。もともとダンス教師をし、今は越谷でも教えられるようになりました。

しかし、まだ会にも参加せず、一歩先に出

られない方がたくさんいます。私が越谷市民と出会えたのも、古里の仲間と近況を話しあえるのも、一歩会があったからです。一歩会を通じ越谷市民の力もお借りしながら、一歩先に出られない避難者の力になりたいものです」（60代男性　双葉郡から越谷市へ）

それぞれの被災者が、復興に向かって長い道のりを仲間と一緒に一歩ずつ歩んでいる。

第10章

おおがんなんしょ
ふじみ野市避難者支援活動

ふじみ野市では、幅広い市民力を大切にして避難者の支援を積極的に展開している。

交流と癒やしに市民力を

「たくさんの方々のご協力で、今月もこうして『おあがんなんしょ』の交流会を開くことができました。ありがとうございます。ストレスを全てなくすことはできませんが、柔らかくすることはでき、そのための一つは楽しむことです。今年最後になるこの場を、大いに皆で楽しみましょう」

２０１２年12月中旬のことである。委員長である松舘《まつだて》千枝《ちえ》さん（73歳）が開会のあいさつをしていた。埼玉県ふじみ野市にある保健センターと市民交流プラザと児童センターからなる複合施設フクトピアで、避難者と支援する市民の交流会である「おあがんなんしょ」の20回目の集いが開催となった。なお「おあがんなんしょ」とは福島県の方言で「おあがりなさい」を意味し、避難者の心の支えの場になっている。

始まりは「お茶っこあがらんしょ」の時間で、参加者の歓談や交流が目的である。折りたたみ式のテーブル４本を使って正方形の島を10カ所ほどつくり、それぞれに６〜７人が座っていた。壁にはスノーマンの大きなポスターを掛け、各テーブルの上には、シャンパンや菓子の他に、松ぼっくりなども置いてあった。さらには、サンタクロースの赤い折り紙を貼り付けた手作りのランチョンマットが、各自の前でコップや取り皿の下に敷いてあった。参加した30名ほどの避難者たちは、サンタクロースの帽子やトナカイの角をしたへアバンドを頭に乗せていた。

毎回参加しているふじみ野市の高畑博市長は、サンタクロースの帽子をかぶり、笑顔であいさつをしていた。もともとふじみ野市では、震災2日後から避難してきた人たちを温かく受け入れ、市からの呼び掛けで、「交流と癒やしに市民力を！」と支援の集いが5月から始まっていた。

文京学院大学の学生ボランティアによる、言葉作りゲームに移った。「あ」から「ん」までの平仮名を、1枚ずつに書いたカードのセットを各テーブルへ置き、これで作る単語の数を競った。最初は食べ物の名称を作ることでスタートし、10個ほどはすぐにできるが、その後が難しい。名前が出ても、欲しい文字のカードはすでに使い成立しない。テーブルごとのメンバーで、あれこれ相談していると時間になって終了する。

2回目は3字の単語作りで、これも最初のうちはスムーズにできたが、やがて壁に当たって進まなくなった。簡単なようで頭を使い、それだけテーブルごとに協力する気持ちが高まる。

ゲームで和やかになったところで、次は歌の時間となった。参加者は手作りの「おあがんなんしょ　ふれあい歌集」を手にし、NHK東日本大震災プロジェクトのテーマソング「花は咲く」からスタートし、ピアノの伴奏で各自が大きな口を開けた。

「♪まっかだ　りんごっこさ
　くちびるっこ　ねっぱげで……」

懐かしい「リンゴの歌」の津軽弁バージョンも登場し、マイクを持って歌う男性に拍手がわいた。他にも「北国の春」や「かあさんの歌」も続いた。サポーターの元気な白髪の女性は、男子学生と一緒に「上を向いて歩こう」を明るく歌い、「若い子と楽しく歌った記念の日になりました」と喜んでいた。

同じ時間に他の部屋では、「いろりっぱた」のリラックスタイムとして、足湯とハンドマッサージをしていた。様子を見に私がのぞくと、まだ避難者はいなくて、係の人からぜひ体験をと勧められ、ブルーシートの上で靴下を脱ぎ椅子に腰を下ろした。容器にはったお湯に両足を入れると、係の女性が両手の指を気持ち良くマッサージしてくれた。

そのまま話を聞くと、ここを担当する人たちは延べ16時間もの講習を受け、手のマッサージだけでなく、傾聴なども学んでいるとのことであった。私はすっかり気持ちが良くなり、避難している大人だけでなく、子どもにも人気のコーナーになっていることが理解できた。

さらに他の部屋では「わらしっこ集まれ」として、子どもたちがボランティアの高校生たちと思いっきり遊んでいた。

おあがんなんしょで歌う。(2012年12月16日)

3時過ぎになると、子どもたちは全員が親たちのいる「お茶っこあがらんしょ」の広間へとやってきた。いよいよ赤い服のサンタクロースが登場し、子どもたちの名前を順番に呼んでプレゼントを手渡した。大人にもプレゼントがあり、後はテーブルのシャンパンをポーンという音と共に抜いて、各自はもらったショートケーキを食べてプログラムは終了した。

「またあいばせ」の言葉で、来年1月の集いで再会することを約束し、それぞれはプレゼントを手に帰っていった。

「おあがんなんしょ」とは

ふじみ野市避難者支援活動「おあがんなんしょ」について、松舘さんは次のように取り組みを紹介している。

「避難してきた方々の、心のケアと交流を市民力にて実施する目的で、２０１１年５月から毎月１回の『おあがんなんしょ』交流会を継続し実施してきました。行政からの後押しを受け、沢山《たくさん》の市民活動団体がボランティアで協力してくれました。心のケアは、古里を同じくする県人会や、癒やしと傾聴の訓練をしたメンタルサポーター及びカウンセラーが担当しました。

リラックスタイムでは、あし湯とハンドマッサージをしながら傾聴し、『いろりっぱた』では、仲間同士が本音で話ができる場を設定しました。『わらしっこ集まれ』のコーナーでは、子どもたちが親の手を離れ、高校生のお兄ちゃんやお姉ちゃんと思いっきり遊んでいます。『お茶っこあがらんしょ』は、県人会のみなさんや市民の方々との歓談交流の場です。会場の雰囲気づくりにアイディアと労力を提供してくれるのは、地元の大学生です。七夕・クリスマス・ひな祭りなど、季節の行事を取り入れながら続けてきました。

避難された方々は、少しずつ生活のリズムを取り戻しつつありますが、まだまだ先の見えない不安に心が揺れ動いています。２０１２年度は仲間として避難者の方々と一緒に、『おあがんなんしょ』の企画や運営をしていきたいと考えています。さいたまコープからの毎回の後方支援は、避難されてきた方々の素敵なお土産になっています」

ふじみ野市では、行政と市民で協力して課題に取り組むことが以前から活発で、市立市民活動支援センターと社会福祉協議会をコーディネーターとし、市内にいる避難者に出来る支援の一つとして、市民の力を発揮できる交流会を検討し、ふじみ野市交流会実行委員会を組織して準備した。震災で心身ともに疲れ、かつ慣れない土地でストレスが高まっている避難者に、心を癒やして安心してもらうことが目的であった。

この交流会実行委員会に、市民の側からは、福島県人会とスーパーアリーナでボランティアア活動をした災害時メンタルサポーターの会が中心になり、文京学院大学地域連携センターＢＩＣＳや、福岡高校福祉部などの若い世代もいれば、全県的に支援活動をしているさいたまコープ、埼玉県労働者福祉協議会、情報環境コミュニケーションズ、埼玉弁護士会など、たくさんの市民活動のグループが参加してきた。

こうした定例の交流会を通して、参加者同士の仲間意識も芽生えてきているし、親戚のような交流も出来ている。

２０１１年の七夕祭りの交流会で、被災者が短冊に書いた願い事は以下であった。

・家族で食卓を囲みたい

・一番大切なこと　清らかな自然　清らかな心

・福島に帰って、家族いっしょに暮らしたい

・ふるさとの南相馬　野辺も暑かろう　早く帰りたい
・絆　家族　友　南相馬
・ガンバレ　大熊
・富岡町　かえりたい
・カエル！　福島
・2年3組にかえりたい
・原発に頼らない社会

それぞれの避難者の心からの願いが、凝縮した言葉で表現されている。

また毎回のように交流会の参加者からは、いくつもの感謝の声が届いている。

「同じ境遇だから分かり合えることがあり、つながりをとり戻すことができた」

「避難者としてだけでなく、ご近所さんとして迎えてくれたのがうれしかった」

「ふるさとの言葉はいいねえ、ほっとする。『故郷《ふるさと》』の歌は、何時唄っても涙が出る」

「夫婦だけでいると口数が少なくなるため、歓談交流会はストレス発散になり、思いっきり会話が出来て嬉しかった」

「今回の集まりで、今までの鬱積《うっせき》した気持ちが少し晴れました。原発という大きなうねりの中の一証人として、しっかりと視《み》ていきたい」

おあがんなんしょで遊ぶ子どもたち。(2012年10月21日)

これまでの交流会はそれぞれが協力し、以下のように創意工夫して運営してきた。

ホッとするひと時を

2011年5月にフクトピアで開催した第1回の「おあがんなんしょ」は、ふじみ野市内に避難している67名が参加した。市内には公務員住宅に61人、民間住宅に42人、親類などに22人の計125人が避難していたので、約半数の人が集まったことになる。それだけ交流を望んでいる避難者が多かった。

昔語りでスタートし、搗《つ》きたての餅もあれば、海と山の幸をふんだんに使った福島の郷土料理「こづゆ」や、ちらし寿司でお腹を満たし、足湯コーナーではリラックスすることができた。さらには市の専門職員による生活や健康相談、埼玉弁護士会による法律相談、宅建協会による住宅相談、ハローワーク川越と川越労基署による仕事と労働相談の各コーナーがあり好評であった。

参加したある女性の感想である。

「相談したいことがあっても、市役所まで出かけるのはとためらっていたので、相談コーナーを設けてもらってとても良かったです」

この1回目の交流会を受けて、第2回を成功させるための打ち合わせをし、企画では子ども遊びでキャタピラ・輪投げ・ペットボトルけんだま・お菓子つり等を、文京学院大学と福岡高校のボランティアが担当した。災害時メンタルサポーターの担当する足湯では、リラックスしていただこうという気持ちで接し、歓談の場ではお茶と、さいたまコープが提供した13種類の菓子を並べていた。

こうした交流会は、避難者同士や県人会との交流があくまでもメインであり、事務局は黒子に徹することにした。そのため交流での気遣いは、慰めるのでなく寄り添う立場が大切で、県人会の方々が避難者にとってゆっくり話せる友人になろうとの話もあった。

また被災者を傷つけない言葉使いにも注意をしようと、一般的な「大変でしたね」から慣れてきたら、「お疲れでしょう」とか「早く古里へ帰れるといいですね」などにすることも話し合った。

新たに約20の市民団体やＮＰＯが、「こんなことできる」とか「何ができるかわからないけど、お手伝いしたい」と手を上げていたのは、他にない市民力である。

楽しい場に

２０１１年９月の第５回は、避難者約30名を迎えて足湯と情報相談からはじまり、市民団体によるハーモニカ演奏や、保健センターの職員が講師になって体の健康の話もあった。また冬物衣料の提供や、さいたまコープからは、「相馬きゅうり漬け」と菓子などの差し入れがあった。

ハーモニカで懐かしい「故郷《ふるさと》」の演奏があり、涙ぐむ参加者もいた。ある参加者から、「東電から送られてきた資料について、分からないので相談会をしてほしい」との発言もあった。

２０１１年12月の第８回「おあがんなんしょ」は、いつものフクトピアで開催となり、被災者は大人26名と子ども８名が参加した。前回の交流会で作ったクリスマスリースや、協力者である文京学院大学の学生による装飾などで、会場はクリスマスムード一色であった。

参加者と協力者みんなでの合唱「故郷」から交流会がはじまり、文京学院大学学生によるハンドベル演奏があり、参加者は一緒に口ずさんでいた。ビンゴゲームもあれば、市の職員によるサンタクロースから子どもたちにプレゼントもあり、楽しい時間を参加者は過ごした。

支援物資として市民から集まった衣料品の提供や、埼玉県労働福祉協議会からのおでん・カレー・ハヤシカレー・毛布など、さいたまコープからは子ども用のクリスマスプレゼントの菓子の提供があり、大人も子どももたくさんの土産を持って帰った。

「おにぎりとおみそしる」

２０１２年２月に市民交流プラザで、ふじみ野市市民団体約50人が協力し、南相馬市、大熊町、浪江町などからの被災者の大人20人と子ども９人が参加して、第10回の「おあがんなんしょ」が開催となった。

お雛《ひな》様とつるし飾り雛が飾られた会場では、市民団体による琴演奏、協力者と避難者が交流する場では和菓子と抹茶のサービスがあり、ひな祭りが盛り上がった。

会場では、浪江町からふじみ野市へ避難している小学４年生の常盤《ときわ》桃花《ももか》さん（10歳）が、以下の作文「おにぎりとおみそしる」を元気な声で朗読した。

小さな白いおにぎりと具のないおみそしる。これは、わたしにとって、わすれる事のできないごはんです。

わたしは、東日本大しんさいで、自分の家にいられなくなり、ひなん所で生活していました。その時の食事の内ようです。

それまでのわたしは、おやつを食べて、食事の時には、テーブルにはたくさんのおかずがあって、食後には、デザートまでありました。それが、あたり前だと思っていました。

とつぜんのさいがいを受け、ひなん所で生活をしてみて、わたしが食べていたものが、とてもめぐまれていた事に気が付きました。何日間も、おにぎりとおみそしるだけを食べていましたが、ふしぎとあれが、食べたい、これが、食べたいとは、思いませんでした。

おなかがすいて、食べる事ができることだけで、うれしかったからです。

白いおにぎりから、中に梅ぼしが入ったおにぎりになった時は、とてもうれしかったです。

ひなん所から、東京にいどうした時に、はじめて、おかずのついたごはんを食べました。弟が大好きな野菜を見て、

「食べていいの。」

と聞きながら食べていました。とても、うれしそうでした。

今もまだ、自分の家には帰れないけれど、テーブルには、わたしの好きな食べ物がたくさんならびます。季節のフルーツも食べられるようになりました。ひなん所で、テーブルも無くて、おふとんをかたづけて、下を向いて食べた小さなおにぎりと具のないおみそしるの味は、ぜっ対にわすれません。こまっているわたし達にごはんを作ってくれた人達の事もわすれません。

ひなん所にいた時は、あまりわらう事ができませんでした。でも、今は、わらってごはんを食べています。つらい事やこわい事もたくさんありました。今は、ごはんを食べて、おふろにはいって、おふとんにねむれる事が、とてもうれしいし幸せです。

これからも、食べ物をそまつにしないで、楽しくごはんを食べていきたいと思います。

この感動的な作文は、埼玉県主催の第7回「食をめぐる作文」コンクールの小学生の部で最優秀賞を受賞した。

福島第一原発から北西約8キロの自宅から急いで退避した桃花さんの家族は、すぐに帰ることができると思い、バナナ数本とあめ玉とトイレットペーパーしか持参せず、寒い避難所ではもらった削り節を一枚ずつ分け合って食べた。具のない小さなおにぎりを美味しく食べ、みそ汁用の発泡スチロールのおわんとはしは、ティッシュペーパーでふいて何度も使った。

3泊した後にたどり着いた二本松市の避難所で、おにぎりを口にすると大好きな梅干しがあり、弟と一緒に「梅だ！」と桃花さんは思わず喜んで叫んだ。

そうした体験の中で、食べ物を含めて風呂や布団など日常のありがたさや、困っている人を助けることの大切さを再認識している。大変だったが貴重な気付きをした桃花さんは、きっと思いやりのある社会人に成長することだろう。

交流会の当日の会場では、協力者である情報環境コミュニケーションズによる衛星写真の展示があり、いろいろな声が飛び交った。

「この辺は地震の影響もそんなになかったのに、もう帰れないの。屋根もあるでしょ。なんか悔しいね」

「この辺まで津波が来たんだ」

「ここは俺の田んぼだ」

中には両手を合わせながら写真を見ている高齢の女性もいた。

行政と協力して、市民力を発揮した避難者の支援が、ふじみ野市で確かに定着しつつある。

第11章

七転八起《ななころびやおき》

大熊町に活気と笑顔を取り戻す会

大熊町の避難者に笑顔を取り戻してもらいたいと、ある姉妹が中心となってすてきなプロジェクトが進みつつある。

走る福島ボール

「そーれ！　福島ボールがいくよ」

「私にちょうだい！」

「僕だよ、僕に！」

「こっちだよ！」

大きな広間では、小学低学年生が10名ほどの２グループに分かれ、直径約40センチの布製のボールを蹴り合っていた。埼玉県ふじみ野市のある学童クラブでのことであった。

飛ばしている福島ボールは、福島の被災者が作って、ふじみ野市内の７つの学童クラブへ、２０１２年９月にプレゼントした１つである。中に綿をつめてあるために軽いので、速く飛ばすことはできないが、たとえ顔に当たっても痛くないので、小さな子どもでも安心して楽しく遊ぶことができた。

11月になって、福島ボールで楽しく遊んでいる子どもたちから、写真入りの礼状がボールの提供者に届いた。どれにも福島ボールを持った子が中央にいて、その周りにたくさんの子どもたちの笑顔があった。

１枚目は、「手作りのボールをありがとうございました。サッカーやドッチボールのボールとして使っています。ありがとうございます」とあり、写真の周りに子どもたちの名前が、平仮名だけの字を含めていくつも並んでいる。

2枚目は、「ありがとうございました」の文字だけで、ボールを投げたり蹴ったりしている写真だけでなく、頬を付けて寝ている子どもや、服の中に入れて大きなお腹にして笑っている男の子もいれば、おでこにくっつけて微笑んでいる女の子もいた。

3枚目は、写真の周りを名前とお礼を全て平仮名で書き、「ボールをありがとう。だいじにします」、「きれいなボールをありがとう」、「すごくうれしかった。ありがとう」、「ボールのがらがかわいくておきにいり。ありがとう」などと、カラフルな色鉛筆で書いてあった。

4枚目は、写真の他はお礼の文字で埋まり、「いっぱい大切に使います」、「なかよくあそびます」、「だいじにしますね」、「たいへんななかありがとうございます」などとあった。

5枚目は、赤いハートのイラストなどが入り、横には「作ったボールをくれてありがとうございます!!」、「たいへんななか、ボールをつくってくれてありがとう」、「ありがとう、がんばって」などとあった。

6枚目は、色とりどりの花やうさぎなどのイラストが並び、「ボールをありがとうございます。いつもあそんでいます。たいせつにします」、「いっぱいあそびます」、「こわさないようにつかいます」、「ボールが大きくてあそんでたのしかったです」、「かわいいボールをありがとうございます」、「前に使っていたボールより大きいのでとりやすいです。大切にします」などとあった。

7枚目では、「福島のみなさんへ。ボールをありがとうございます」、「ステキなものをくださってありがとうございます」、「ボールでみんなたのしくあそんでいます。ボールをありがとうございました」などとあった。

どの礼状からも、子どもたちの「ありがとう」との元気な歓声が聞こえてくるようであった。

なお福島ボールとは、子どもたちが自分たちで付けた愛称で、元は七転八起の復興クッションである。七転八起は、七度転んでも八度起き上がるの意味から、何度失敗してもくじけずに立ち上がって努力することで、浮き沈みの激しい生き方の比喩としても用いる。吉岡芳子《よしおかよしこ》さん（58歳）が代表を務める「大熊町に活気と笑顔を取り戻す会」で、2014年に被災者を元気にするコンサートを予定し、その賛同者と資金を増やすために協力者と一緒に大きなクッションを作っている。

ふじみ野市に避難した芳子さんの兄の吉岡和夫さん（60歳）が、ワーカーズコープも協力している市民グルールにんじんと出会い、支援物資を受け取っていた。そのにんじんが学童クラブの運営に関わっていたことで、芳子さんは子どもたちにクッションをプレゼン

七転八起クッション。左から吉岡和夫さん、吉岡芳子さん、石井公子さん。（島袋俊子さん提供 2012年10月14日）

トすることになった。端切れの布を使った小ぶりのクッションで、通常は小粒のビーズを入れているので、もし破れて漏れ出して子どもの口に入ることのないようにと、学童クラブ用の中は綿で仕上げた。

なおワーカーズコープとは労働者協同組合のことで、働く市民が主人公となって、人や地域に役立つ仕事おこしを進める協同組合の1つである。

吉岡兄弟姉妹の被災とクッション

芳子さんは6人兄弟の三女で、震災のときは長男と次女と四女が、それぞれの家族と一緒に大熊《おおくま》町で生活していた。吉岡さんの家は海から2～3キロほどの場所だが、高台にあったため津波の被害はなかった。しかし、海岸沿いは津波で住宅が流され、今も行方不明の方がいる。最悪なことに町全体が高い放射能に汚染され、それぞれが古里を離れ各地を変遷した。

実家を継いだ長男の自宅には、家族同様の10歳の柴犬であるモモとミキを、玄関先の小屋で飼っていた。避難するときはすぐに戻ることができるものと思い、3日分の餌と水をあげた。しかし、避難所からやっとのことで一時帰宅ができたのは、家を離れてから1週間後であった。すでに大熊町は立ち入り禁止区域となり、吉岡さん夫妻の車は、途中で警察官に止められてしまった。事情を話すと困った顔をした警察官は、「行っていいとも、行くなとも言えない」と黙認してくれた。

2匹の犬は弱っていたが、どちらもまだ生きていた。避難所に連れていきたいが、ペットを飼う余裕はまったくなく、他の家も置き去りにしている。あるだけの餌を出し、2匹の鎖をはずし、後ろ髪引かれる思いで置き去りにしてこざるを得なかった。

自宅を離れる時に、モモは車の前に立ちはだかり、まるで「置いていかないで」「一緒に連れてってって」と言っているようだった。

埼玉に移った吉岡和夫さん夫妻が、再び一時帰宅で家へ戻ったとき、モモは小屋の前で前足を玄関に向けたまま倒れていた。痩せたその身体に触ると、まだ少し温かみが伝わってきた。家族の迎えを信じて待ち続けていたが、到着する直前に寂しく息を引き取ったようだ。

他方のミキは生きていたが、体調を崩していたので、支援に入っていた動物愛護団体に世話をお願いした。しかし、それから3日後に肺炎で亡くなったとの連絡があった。物言わぬ動物たちによる、たくさんの犠牲のごく一部である。

次女の石井公子さん（62歳）は、暮らしていた家族7人で、いくつかの避難所を経由して、会津若松の東山温泉の旅館の2間で、２０１１年7月まで暮らしていた。その後、息子家族と別れて石井夫妻は、いわき市の借り上げ住宅で生活するようになった。その間に手芸の好きな高齢のある女性から、布を縫い合わせた直径80センチほどの丸いクッションの作り方を公子さんは教わった。型紙を使って布から正六角形20枚と、正五角形を12枚切り取り、順番につなぎ合わせて球形にし、中に手芸用のビーズを詰めて、最後に封をすれば完成である。公子さんはいくつも大きなクッションを作り、家族で使うだけでなく、兄弟姉妹にも配って利用してもらった。

初めて見るクッションに芳子さんも驚いたが、椅子や背もたれなどに使ってみると、どんな格好をしても体に合って気持ちが良い。これであれば、何かにきっと使えるのではないかと芳子さんは感じた。

歌で被災者が元気になって

春先のある日曜日に芳子さんが、夏川りみのCDを聞きながら仕事をしていた時のことである。

「♪感じていますか、土のぬくもりを、
　感じていますか、空の広がりを……～」

「この星を感じて」の心地よいリズムに乗った歌詞に、ふっと手の動きを止めた。ゆっくりと聞いた時に、芳子さんの心はざわめいた。大熊町の懐かしい風景を思い出し、また避難して日々の暮らしで困っている人たちのことを考え、胸が張り裂けそうになり、目に涙があふれ出て止まらなかった。「この星」を「地球」にと置き換えたからなおさらだった。

音楽はすごい力を持っていると改めて感じ、古里である大熊町の避難者のために、ぜひ歌のイベントを開催したいと芳子さんは決意した。そこで、かつての同級生にこの思いを文にし、一緒に実行しませんかと呼び掛けた。

「同級生の皆様へ

２０１２年４月27日　吉岡芳子

私たちの古里は、将来を全て消されてしまったような原発事故があり、もう帰れないとまるで夢を見ているようで信じたくない気持ちでした。起きてしまったことは事実と認識するのですが、今後は別の土地で、自分の老後を見つけ出さなければと困惑もしました。

こんな避難状況をいつまでも続けていたら、人として将来に失望し、考え方もネガティブになってしまいます。避難している古里の皆が、仮設や借り上げ住宅に避難を余儀なくされて頑張っている姿をみると、何も協力出来ない自分の無力さに腹立たしさを感じながら、毎日が過ぎていました。

そこで音楽の力で、古里に少しでも元気をあげられたら良いなと強く感じました。もちろん一人では出来るはずもないし、還暦を迎える同級生と手を取り合い、古里のため一緒にやりたいと思いました。心から笑って喜ぶ日は、まだ遠いかもしれないけど、少しでも元気になってもらいたくて、音楽祭のイベントを皆で成功させたいものです。

音楽祭の企画案（略）

古里の元気を取り戻すためにも、この企画を一緒に実現させたいものです。ど素人でもやれば出来ることを見てもらい、元気を出すきっかけを作りたいですよね。よろしくお願いいたします」

芳子さんの心を込めた文を同級生に発送した。しかし、期待した返事は残念ながらなかった。

それでも、企画をあきらめる芳子さんではなかった。姉の公子さんに相談すると、「私たちで協力して準備をしましょう」と言ってくれた。

クッションの作成の流れは、芳子さんがこれまで培ってきた人間関係をもとに協賛してもらい、口こみで賛同者が現れると、好みの色や柄を確認して購入者リストを管理し、芳子さんが都内の手芸屋で材料を購入した後で、購入者リストと共にいわき市の公子さんへ送る。それを近くに避難している製図担当の２人の協力者が正確に計り、五角形と六角形の必要な枚数をカットする。それを公子さんが縫製作業し、夫の弘さんがビーズを入れて完成させ、宅急便で購入者に送る。すでに２０１２年11月までに１４０個を完成させ、各地に届けている。

他の復興支援団体との繋がり

吉岡和男さん夫妻は、２０１１年3月末に埼玉県ふじみ野市に避難してきた。「以前のように土をいじり、一日も早く足元を固めたい」と夫婦で願い、ふじみ野市役所からの紹介で、地元の農家の手伝いをすることになった。避難先である公務員宿舎から出かけて人参や里芋などの野菜を有機栽培で育て、契約している複数のスーパーへの品出しや月一度の市役所前の直売に出向くこともあった。

古里では人へ直接販売することはなく、「いらっしゃいませ」や「ありがとうございました」の言葉も最初はぎこちなかったが、慣れてくると自然に言葉が出るようになった。一所懸命作った野菜を、手に取り買って頂く光景はまぶしかった。支援物資だけでいつまでも暮らすのではなく、少しでもできる範囲で働き自活したいと願ってのことであった。

そうしているときにグループにんじんも協力した、ふじみ野市の復興支援団体である「おあがんなんしょ」の交流会へ参加するようになり、やがて真面目さが評価され、避難者の代表として役員にも和男さんはなった。

その縁で芳子さんは、２０１2年8月に開催となった「おあがんなんしょ」の交流会で、七転八起の復興クッションの活動について報告した。それを聞いたさいたまコープの職員が、10月のコープフェスタでの出展を持ちかけ、スーパーアリーナで2日間の展示が実現した。

いくつもの大きな色とりどりのクッションを並べたコープフェスタのブースは、人目を引いて何人もの来場者が芳子さんの話を聞き、協力を約束してくれた。和男さんや、いわき市からは公子さんと協力者たちも駆け付け、何人もが好感をもって受け止めている様子を見て、活動の手応えを感じることができた。

隣の展示は越谷市を中心に広がっている一歩会で、来場者のいないときに芳子さんは懇談して刺激を受けた。そのとき芳子さんの話を聞いた一歩会の安齋作子さんは、Ｂ４の白い紙に筆で、「おおくままちにかっきとえがおをとりもどそう」と一字ずつ丸印の中に書き、その下へ文字を連ねた。

㋔　おおくま双葉の古里を
㋔　おもいは強く涙する
㋗　くるしい日々の1年7カ月
㋮　まちの今を想う時
㋮　まっかな朝日　夕日を想い
㋠　ち上に新芽が出るように

㋥ にこやかにたくましく
㋕ かっきづくつながりを
㋖ きっときっとなるよ
㋣ とことん願えば行動すれば
㋓ えがおが消えない双葉の大熊
が がんばらなくてもいいんだよ
㋔ おもいっきり自分
㋾ をほめてあげようね
㋣ とびっきりの自分に自信をもって
㋷ りんりんと鈴鳴らし
㋲ もどかしくても待てるよね
ど どこへ行っても大丈夫
㋞ そうさきっと居場所はあるよ
㋒ うきうきして一歩前進しよう

余白には一歩会のトレードマークの笑顔を描き、その場でプレゼントしてくれた。感激した芳子さんは、大切に持ち帰ってさっそく額に入れた。

古里大熊町に熱い心をもって

以下は芳子さんが、思いを込めて作成した企画書である。

コンサート開催企画書

２０１２年10月吉日　吉岡芳子

１．企画イベントの目的

古里の福島県双葉郡大熊町は、福島第一原子力発電所があり、２０１１年３月11日の東日本大震災で大打撃を受け町全体で避難しました。あの事故から1年7カ月が過ぎ、それぞれの生活は一変し、将来の展望が見えず毎日が不安で一杯です。地に足をつけられず、仮設住宅や借り上げ住宅と、家族でも離れ離れに生活を送っています。政府の対応もままならず、補償案件も国と東京電力で責任転嫁をしている状況です。

２年が過ぎやがて３年目になる頃には、忘れ去られなくても風化し、関心は薄くなっていくことでしょう。確かなのは、大熊町の古里に20年以上は戻れなく、先祖代々受け継いできた大切な土地を守れないことです。こうした悔しさや苛立たしさやもどかしさの中で、生きる希望と元気の素となる歌を聞き、悲しみと苦しみを乗り越えてほしいと、わが古里を思う被災者同士が立ちあがってこのイベントを企画しました。

2．企画の内容

童謡や抒情歌などを歌ってもらいます。少しでも古里の大熊町の近くにと、いわき市に移る人が多くなっているので、いわき市民文化センター（486席）を考えています。

3．企画にかかる費用

このイベントは、大熊の渡辺町長の協力が必要となるので相談し、広報誌への掲載など全面的に協力して頂くことになりました。大熊町の方々にコンサートへ足を運んでもらい、素敵な歌声を楽しみ、少しでも笑顔を取り戻し元気になってもらうことが最大の目的です。

資金源は七転八起クッションで、1個の販売価格1万円の内で原価は6千円なので、利益は4千円です。口座名は七転八起とし、入金管理の通帳を作りました。既に103名様からの受注があり、製図、裁断・縫製・ビーズ入れ・発送などを被災者が分担しています。ちなみにクッション1個を製作する時間は約7時間です。

4．企画の日程

コンサートの開催は2014年3月22日（土）として準備します。歌手に出演依頼をし、正式な企画書を印刷します。会場は1年前に予約し、入場券のデザインを決め、大熊町広報で掲載し、各避難場所の集会所でチケット販売をする予定です。

以上、よろしくお願いします。

追伸　以前に作曲家中村泰士さんが大熊町を見て、町のイメージソング「思い直して」を作詞・作曲し、由紀さおりさんが歌いCDを町の全戸に配っています。姉に聞くと、「今は避難していて手許に無いけど、家に大事に取ってある」とのことでした。これも何かの縁と強く感じ、可能であれば由紀さおりさんの持ち歌や童謡などを、澄み切った素敵な声で歌っていただけたら最高です。

オブジェにもなるクッション

七転八起クッションを使った方から、いろいろな感想が芳子さんの元に届いている。
「好きなCDを聴きながら、クッションに寄りかかり本を読むのが大好きです。また使っていないときは、愛犬が上でゆったりして気持ち良さそうに寝ています。ちょうど私と目線が一緒になるので、犬もお気に入りのようです。まだまだ中のビーズは縮まずに元気ですので、長持ちしそうです」（40代女性）
「ソファの座面の端に置き、よっかかりながら使っています。とても大きいので安心感があり、ふわふわして気持ちが良いです。福島で震災にあわれた方々の気持ちを改めて感じることができ、とても良いクッションです」（40代男性）

「部屋が狭いので、たたんだ布団の上に置いてオブジェとなっています。明るい色を選んだので、丸くて可愛いぬいぐるみの代わりのようで癒やされます。これまで東北支援で、名取復興人形、花巻の布の花ストラップなどを求めました。仕事中にも使える椅子用の座布団や腰枕など、もう少し小さなサイズで作っていただけると、利用する方が増えて支援が広がるのではないでしょうか」（40代女性）

それぞれの暮らしの中で、七転八起クッションは多様な利用をされている。コンサートの実現までに、これからも各地の支援者のもとへ、元気な復興クッションは転がっていくことだろう。

第12章

温かい味噌汁の支援が希望に

旧騎西高校の炊き出し

震災後２年目も、全国で唯一避難者として残った旧騎西高校において、さいたまコープは他の生協やＪＡなどと協力し、温かい汁の提供を継続している。

避難者が育てた野菜の汁を

「どうぞ、温かいお味噌《みそ》汁ですよ」

「皆さんの元気農園で作った、じゃがいもと長ネギが入ってます」

「大根の味噌田楽も、熱いうちにお食べください」

エプロン姿でマスクをした4名のボランティアが、寸胴《ずんどう》に入った味噌汁を発泡スチロールのお椀に入れながら声をかけていた。

２０１２年11月8日の夕方、埼玉県北東部の加須市にある旧騎西高校でのことであった。さいたまコープは毎週木曜日に、ＪＡグループさいたまやパルシステム埼玉からも食材を提供してもらい、味噌汁などの炊き出しを共に実施している。この日は、双葉町の避難者が共同で野菜を栽培している双葉町元気農園から、じゃがいもや長ネギの提供があった。さいたまコープの組合員などによるボランティア避難所応援隊を中心に、パルシステム埼玉、ＪＡグループさいたま、双葉町などの28人が、約１６０食の「じゃがいも、長ネギ、豆腐、油揚げのお味噌汁」と「大根の味噌田楽」を調理し、デザートのヨーグルトも添えて配膳をした。加須市女性団体連絡協議会からの手伝いが来てくれることもあった。

なお双葉町元気農園とは、避難生活が長期に及んでいることから、被災者が土に触れながら農作業を楽しみ、少しでも心身をリフレッシュして元気になってもらいたいと、地元

旧騎西高校における配膳。（さいたまコープ提供 2012年6月7日）

の内田ヶ谷東部営農生産組合をはじめとする関係者の協力によって実現し、農園の利用希望者を募ると約30名から申し込みがあった。

２０１１年10月には、農園の利用者や生産組合などの関係者が集まり、双葉町元気農園の開園式をした。旧騎西高校のすぐ北側にある畑で面積は１，１４１平方メートルあり、出席者は双葉町長、加須市農業振興課、内田ヶ谷東部営農生産組合、ほくさい農業協同組合、トキタ種苗株式会社、埼玉県農林公社、双葉町への緑の支援実行委員会などであった。双葉町長のあいさつや看板の設置があり、その後でさっそく野菜の苗を植え付けた。こうして、なす、さつまいも、大根、ほうれんそう等の季節の野菜が元気に育っている。

温かい味噌汁を届けて

さいたまコープでは、スーパーアリーナに避難した福島の人たちへ、２０１１年３月28日から30日まで炊き出しをした。組合員と職員の他に、医療生協さいたまなどの協力もあって、２日間で延べ50人が参加し、近くの「けやきひろば」にテントを設営し、１，５００食もの味噌田楽やフランクフルトソーセージを、温かい状態で届けて好評であった。あわせてヨーグルトやプリンも届けている。

さらにはコープネット事業連合を通じ、毛布やマスク、ペットボトル飲料などを運び、３月21日から31日まで連日のように埼玉大学生協が作った「おにぎり」５００個の搬送や、沐浴《もくよく》など子育て応援ボランティアの協力もおこなった。

３月末でスーパーアリーナの避難所が閉鎖され、約５，０００人の被災者は分散し、その中の双葉町出身者約１，４００名が加須市にある旧騎西高校へと移った。

そこでさいたまコープは、４月21日から味噌汁など約１，４００食の炊き出しを旧騎西高校でスタートさせた。近くのコープ北本店で食材を揃《そろ》え、組合員や職員などのボランティアにより下準備した食材を、個配のコープデリ宅配のトラックで運搬し、旧騎西高校でさらに調理して配膳している。

こうした炊き出しは１年間続き、２０１１年４月21日から２０１２年３月20日までの間に59回も実施し、延べ2，077人のボランティアが参加して、3万2，701食を提供した。なお、ボランティアに協力したのは、さいたまコープの組合員820人と職員やOBなど420人や、パルシステム埼玉やJAグループさいたまなど760人であった。

他にもさいたまコープでは、さいたま市北区の自治人材開発センターや、さいたま市見沼区の片柳《かたやなぎ》コミュニティセンターでも、自治会など地域の方と組合員や職員が協力して炊き出しを実施し、豚汁やカレーライスや味噌おでんなどの温かいメニューを届けた。

なお、被災者の食事を応援するため、さいたまコープでは特別の対応もしている。2011年5月には、騎西小学校に通学している双葉町出身の避難者で、小学1年生から4年生の遠足と社会科見学に際し、騎西小学校や見学先である寄居町の「川の博物館」に弁当76個を届けた。コープ北本店とコープ深谷店の職員のボランティア12人が早朝から作った弁当で、子どもたちや父母からも好評だった。

2年目も継続し

騎西高校における毎週木曜日の炊き出しは、2年目になっても継続した。2012年3月15日には、「鶏だんごのスープ」と「白菜の浅漬け」とプリンで、さいたまコープの組合員とOB、JAグループさいたま、パルシステム埼玉、双葉町の計23人で調理や配膳を

表1　ある日の炊き出しのメニュー(2012年)

月 日	ボランティア数	食 数	メニュー
5/24	25人	250食	小松菜と豆腐の味噌汁、なすとかぶの浅漬け、ヨーグルト
6/7	33	250	きのこたっぷりの豚汁、かぶときゅうりとみょうがの浅漬け、ヨーグルト
8/2	27	230	きぬさやと豆腐とたまねぎの味噌汁、なすとかぶとみょうがの浅漬け、ヨーグルト
8/9	31	220	かぼちゃとにんじんと長ネギの味噌汁、なすとかぶとみょうがの浅漬け、ヨーグルト
8/30	34	200	かぼちゃとたまねぎの味噌汁、なすの煮びたし、プリン
9/20	26	200	豆腐と油揚げと長ネギの味噌汁、大根の味噌田楽、ヨーグルト
9/27	30	200	豚汁、小松菜と人参と油揚げの煮びたし、ヨーグルト
10/4	29	200	きのこと豆腐の味噌汁、キャベツとかぼちゃの煮びたし、ヨーグルト
10/25	35	200	豆腐とほうれん草と油揚げの味噌汁、プリン ＊双葉町の姉妹町・京都府京丹波町による栗ご飯・丹波黒豆の枝豆・白菜の煮びたしのお弁当があった

した。

作業が終わってから一緒にお茶飲みをし、毎回調理に参加している避難者からは、「いつも料理を作りながら、皆さんとお話しするのが楽しいの」との声もあった。

終礼には井戸川町長が参加し、1年間の炊き出しについて感謝の言葉があった。またＪＡグループさいたま、パルシステム埼玉、さいたまコープから、避難している方々に寄り添って今後も支援していくとの話があった。

表1は2年目のある日のメニューである。

なお、毎回のように提供しているヨーグルトは、パルシステムのオリジナル商品である。またＪＡとは「埼玉県協同組合間提携に関する基本協定」にもとづき、２０１１年5月12日から野菜などの提供があり、５月19日からはＪＡグループさいたまのボランティアが協力している。この基本協定は、１９９０年に県農協中央会・県経済連・県生協連・さいたま生協（現さいたまコープ）の４者で締結し、前文で「協同組合精神に基づいて事業提携を行うとともに、相互理解を深め協力し、これを発展・拡大させる」ことを強調している。

温かいメニューが被災者の笑顔に

以下は、炊き出しのボランティアに参加した人たちの感想である。

「発災直後、自分に何が出来るのか？　自らの生活と並行して、微力すぎる自分に愕然としたのを記憶しています。そんな中、近隣の避難所（片柳《かたやなぎ》コミュニティーセンター・土《と》呂《ろ》研修センター・旧騎西高校）の炊き出しに参加させていただきました。カレーやみそ汁などの温かいメニューは、受け取っていただいた皆さんを笑顔にする魔法があり、お互いに心が解けていくエッセンスがたっぷりありました。

『ありがとう、ありがとう』

『ご苦労さま』

どれだけ労《ねぎら》いの言葉を掛けていただいたことでしょう。ちっぽけな自分でも応援の一助を実感させていただく機会となり、行動を起こすことの大切さを知る事が出来ました。これはさいたまコープの一員であったからこそ実現できた支援で、『一人は万人のために、万人は一人のために』を忘れずに、より良いくらしのための共助で、困難をともに乗り越えられるよう行動して参りたいと思います」（さいたまコープ組合員　女性）

「桜が咲いて、暑い夏が来て、校舎のベランダにゴウヤの葉も茂った。それもやがて葉も落ち秋が来て、冷たい風が吹きつける冬がきた。

あれから1年。週にたった一度の味噌汁に、避難された皆さんは、とても美味しい美味しいと言って喜んでくれる。慰めの言葉も励ましの言葉も言えないけれど、味噌汁をよそいながらニコって笑うと、皆さんも安心した顔で微笑《ほほえ》む。本当に、いつになったら帰れるのか！

故郷で獲れた野菜や果物が、本当は一番美味《おい》しいんだよね。いつか故郷に戻れて、『お母さんやおばあちゃんが作ってくれた味噌汁がやっぱり一番おいしい！』って、本当に心の底から喜べる日が来ることを願っています」（さいたまコープ組合員　男性）

「母の実家は南相馬市にあり、今なおたくさんの親戚が住んでいます。震災直後に何日も連絡がとれなくなり、全員の無事が確認できた時は、ホッとして気が抜けてしまったほどでした。双葉町の皆さんにお会いした時、言葉のイントネーションのせいか初対面とは

旧騎西高校での炊き出し。(2012年6月7日)

思えず懐かしさを感じました。

『埼玉の方が、本当に良くしてくれてありがたい!! 自分たちが逆の立場なら、とても同じようにはできなかった。感謝している』

そうおっしゃって涙ぐまれていた方を、私は忘れられません。震災後に幸せなことだと気付いた普通の生活に、双葉町の皆さんが一日でも早く戻れるよう祈るばかりです」(さいたまコープ組合員　女性)

「何か復興支援をしたい、いやしなければと思いつつ私が行動を開始したのは、結局3・11から半年以上も経過してからでした。最も手っ取り早くて喜ばれるのは義援金かと思いますが、私の場合どうも出して終わりの気がして、それこそ身をもって出来ることを求めました。

まず10月に石巻へボランティアに出かけて、復興が緒にすらついていない姿に愕然《がくぜん》とし、もっと日常的に行えることはないかと思案している時に、遅ればせながら避難所応援隊の案内に出あったのです。しかも被災者の中でも、特に難儀している原発所在地の方々のお役に立てるので、早速申し込みました。

この体験を知人に伝えると、新聞に『温かい味噌汁の振る舞いが何よりだ』との双葉町民の言葉が載っていたと聞かされました。配膳をしていても感謝の言葉をかけられることがあり、暗い夜道をバイクで帰る際に、何かさわやかな空気が胸を吹き抜けます。月2回程度ですが、今後もお役に立てたらと思っています」（さいたまコープ組合員　男性）

「騎西高校の炊き出し支援には、『困ったときはお互いさま』の精神で参加しています。お手伝いといっても週1回で、お味噌汁の調理の手伝いしかできません。それでも双葉町の方がいらっしゃる限り継続して、何かのお手伝いをすることが大切だと考えています。炊き出し支援は、温かくて栄養のあるものを皆さんにという目的があります。

しかしもう一方で、来ている事が支援になっているのではないかと思います。避難当初を思い返すと、双葉町の役場の皆さんも含めて、慣れない環境を強いられ、その日その日が精一杯で戸惑いの中にいました。その時はこちらから挨拶《あいさつ》を積極的にしていましたが、今では逆に住民の皆さんから、『ありがとう』や『ご苦労さま』と挨拶や声をかけてくれ

るようになりました。双葉町の皆さんも、配膳等をお手伝いしてくれています」（さいたまコープ本庄《ほんじょう》センター職員　中富久）

「『温かいスープありがとう』、『野菜や果物がうれしい』、『ありがとう、美味しかったよ』、『また来てくれたの？』などと、旧騎西高校が生活の場となっている皆さんからの声があり、そこから元気を頂いて月に1回か2回のボランティアをしています。

一緒に作業するメンバーは毎回違い、キャベツを浅漬けにするとき芯を取った方が高齢の方は食べやすいとか、一度湯に通してから漬けると柔らかくなるなど、いろいろなことを教えてもらいます。週に1回ですが、具だくさんのお味噌汁とおひたしや果物を、本当に心待ちにされている方もいました。ＪＡの方と一緒に配膳をし、終礼の後にお味噌汁を飲んで交流したこともあります。

お味噌汁にかぼちゃやサツマイモなど、旬の野菜を入れてあるので季節を感じてもらえるし、12月には大きなクリスマスツリーがあり、3月には雛《ひな》あられを配り、お子さんも喜んでいました。避難者に寄り添った活動で凄いなと思います」（コープネット労働組合上田秋江）

子どもたちへユニセフやＪＡの支援

日本ユニセフ協会は、双葉町からの要請に応え、２０１１年４月25日から避難生活を余儀なくされている子どもたちへ、牛乳、野菜飲料、ヨーグルト、パンなどの朝食支援を実施してきた。当初は約1，４００名の避難者の内で、高校生までの子どもたちが２００名近くいた。４月８日に騎西小中学校の入学式があり、井戸川町長から新学期を迎える子どもたちには、味噌汁の付いた朝ごはんをしっかり食べさせて登校させなければとの話があった。そこで町として毎朝汁物を出すことにしたが、その食材の調達をどうするかとか、ストレスと野菜不足による口内炎が出ている子どもに、牛乳を飲ませたいとの話も出た。当初は地元のスーパーで購入していたが、さいたまコープを通じてユニセフが支援することになり関係者は喜んだ。

ＪＡ埼玉県中央会（ＪＡグループさいたま）福祉対策室の福島治さんは、「炊き出し支援活動に寄せて」と題して以下の文をさいたまコープに寄せている。

「ＪＡグループさいたまは、埼玉県内へ避難されている方々を少しでも応援したいという思いから、ＪＡグループさいたま災害対策本部をはじめＪＡ県女性協、ＪＡ県生活指導員協の方針のもと、２０１１年5月よりさいたまコープ、パルシステム埼玉、また、双葉町の皆さんとともに、各ＪＡ女性部部員の皆さんやＪＡ職員、連合会職員の皆さんのご理解・ご協力を得ながら、夕食時の味噌汁や浅漬けなどの賄いの支援をしてきました。私も炊き出し隊の一員として、10回位参加させていただいております。

現在も旧騎西高校には、300名近くの方々が避難所生活を余儀なくされているとのことで、少しでも早い時期に以前の生活に近づけるよう願うばかりです。（略）最後に避難されている皆さんへ、どうか希望をもって進んでください。また、JAグループの皆さんへ改めて、感謝申し上げます」

それぞれの団体が子どもを含めた被災者に、真心を込めた食の提供を続けている。

温かい味噌汁の支援が希望に

こうして継続した食事の提供に対して、双葉町教育委員会の小野田真澄さんから以下の礼状が届いている。

「2011年の今頃は、この旧騎西高校に避難している小中学校のお子さんがたくさんいました。子どもたちに朝ご飯を食べさせなくてはと、入学式の前日に時間通りに食事ができるかどうかのリハーサルをしましたが、なかなかうまくいかずハラハラしながら当日を迎えました。生徒ホールに全員入りきらず、時間帯を変えて幼稚園から中学生までの全員に朝食を食べてもらいました。

それから1年たち、次々に子どもたちは加須市内のアパートなどへ引っ越し、小学生2

名と中学生2名となりました。その間に、コープさんやユニセフさんのご支援で、牛乳やヨーグルトや野菜ジュース等をご提供いただきました。そうしている間にも、高校生の食事が足りていないのではないかと、パンを2012年3月までご提供いただき、本当にありがとうございます。

避難当初は、朝食のお味噌汁も小学生と中学生に限定していましたので、その他の住民の方は利用できていなかったのです。それが毎週木曜日に全員が頂けることになったので、本当に感謝しています。木曜日の夕方に、校舎中にフワッと味噌汁の良い香りが漂って来ます。かぼちゃのお味噌汁も喜んでいたし、つみれ汁やカレースープも良かったです。みんな喜んでいました。

今はお住まいの方も広いスペースで寝られるようになったと思いますが、ここに来た当初は畳1畳分しかない状態でした。でもお布団で寝ることができるだけで、その時は嬉《うれ》しかったのです。当時はみんな表情も硬くて、今はだいぶ慣れてきていますので表情も明るくなっていますが、まだ完全に立ち直れていない自分がいるのです。

新聞の記事を読んだりする中で、平凡な日常という文字を見たとき、この先が見えない状況で、いつになったらこれまでの平凡な日常に戻れるのだろうかという不安が出ます。それでも確実に1日1日は過ぎ、もう1年経ってしまいました。ここにいる方々は、皆がいつか帰れると思って日々過ごしています。そんな中で一つ一つのご支援が楽しみにもなっていますし、希望にもなっています。今後ともよろしくお願いいたします」

先の見えない不安な被災者の気持ちが良くわかるし、毎週の温かい味噌汁が疲れた心身をホッとさせ、継続した支援が一つの希望になっている。

第13章

心がぽっかぽか あそびのひろば

緊急時にややもすると、高齢者のケアに比べて軽視されてしまいがちな子どもたちの支援に、さいたまコープは当初から取り組んでいる。

「心がぽっかぽか」

「♪手と手　つないでごらん　心があったかくなるよ
　手と手　つないでごらん　心がぽっかぽか
目と目　みつめてごらん　心があったかくなるよ
　目と目　みつめてごらん　心がぽっかぽか
うでとうで　くんでごらん　心があったかくなるよ
　うでとうで　くんでごらん　心がぽっかぽか
肩と肩　くんでごらん　心があったかくなるよ
　肩と肩　くんでごらん　心がぽっかぽか
手と手　つないでごらん　心があったかくなるよ
　手と手　つないでごらん　心がぽっかぽか」

合唱グループ「コール〝WA《わ》〟」による、明るい「なかよしのうた」（作詞・作曲　秋谷純子）であった。ピアノの伴奏にあわせて十数名の女性が、明るい笑顔で歌い終わると、今度は子どもを含めて40名ほどの観客の中に入り、いくつかの小さな輪をつくって、歌いながら歌詞にあわせて手をつないだり腕や肩を組んだりしていた。

楽しく笑顔で歌っているメンバーは、社会福祉法人愛の泉に関わっている子育ての一段落したママから、0～1歳児をもつ若いママまでで、黒の上下にシルバーのポンチョ・ケープ姿で、リズムに乗って体を揺らしていた。他には「きよしこの夜」もあれば、高齢者には懐かしい「青い山脈」や「銀座カンカン娘」などの歌もあった。

2012年12月5日の昼前である。旧騎西《きさい》高校の第一体育館では、さいたまコープが主催し、愛の泉、NPOしゃり、埼玉大学生有志、日本臨床発達心理士会が協力して、月に1回の「あそびのひろば」が9時半から開催となっていた。いつもは被災者の家族だけを対象にしているが、今日は近隣の一般の家庭にも加須市の後援により案内してもらったので、これまでにない多くの子どもたちが集まっていた。

体育館に入ってすぐに受付があり、子どもたちは記念の手形作りに挑戦した。ハガキ大のスポンジに染み込ませたブルーかオレンジのうち好きな色を選び、手のひらを押し付けてインクを付け、次に丸く切った色紙に当てて手形が完成する。まだ1歳足らずの赤ちゃんを抱いた若い母親は、やっと子どもの手を開かせて手形を押し、「しばらく手形をとってないので、いい記念になります」と喜んでいた。名前を書いてから、近くの壁に吊るしてある紙に描いた木へ順番に貼り付け、やがて40枚ほどの手形の丸い紙で、カラフルなクリスマスツリーが出来上がった。

広い体育館は、手前の半分にソファーやプレイマットが並び、小さな子どもたちはいくつものボールやおもちゃなどで遊んでいる。その一角にはブルーの屋根で高さ1メートルほどのプラスティック製の小屋があり、中に入った幼児たちがままごと遊びをしていた。まだ足元がふらつきやっと歩き始めた子から、ボールを追いかけて走り回る子どもたちもいた。1つのテーブルでは、赤と白のサンタクロースの帽子を被ったボランティアの女子学生が、紐《ひも》を付けた松ぼっくりを使い、金色や銀色を付けてクリスマスツリーの飾りの作り方を子どもたちに教えていた。完成した飾りには名前を書いた紙を付け、着色料を乾かし、帰るときに持っていった。これも手形と同様に、今日の素敵な想い出の品となることだろう。それぞれの子どもたちがいるところには、学生を含めて大人のボランティアが数名ずつついていた。

入口に近いソファーでは、子どもを自由に遊ばせている母親たちが集まり、菓子を口にしてお茶やコーヒーを飲みながら楽しそうにおしゃべりをしていた。

体育館の奥の半分では、サンタクロースの帽子を被った学生たちが広いコートを使い、男の子たちとボールを蹴ったり追いかけたりして、室内で行うサッカーのフットサルを楽しんでいた。

こうした活発な子どもたちの様子をながめていたある大人は、目を細めて話していた。

「アパートなどでは子どもたちが走ったりすると、すぐに下や隣の人から苦情が来るので親も注意します。そのため子どもたちはいつもがまんしてジッとしていますが、ここでは誰にも気兼ねをすることなく、自由に走ったり飛び跳ねることもできるのでいいですね。こうした活き活きした子どもが一番ですよ。それに親だって子どもに注意しなくていいから、ここに来るとホッとしますね」

そうした子どもや親の気持ちは、私にもよく分かる。2人の娘と狭いマンションで長年暮らし、子どもたちが小走りするたびに階下から怒鳴られ、その度に夫婦で謝った。子どもに注意しつつ、もっと広くて強固な造りの部屋に住みたいと願ったものである。

10時半からは、「コール〝WA〟」や「アメージングジョイ」のグループによる楽しい歌があり、参加者の知っている歌などを一緒に口ずさんでいた。

11時半になると、いよいよ子どもたちの楽しみにしていたサンタクロースの登場である。赤い服と白いヒゲのサンタの周りに子どもたちは集まり、それぞれがお菓子をつないだ首飾りをもらった。

その頃になると、ボランティアの手で昼食のチキンライスができあがり、子どもや親たちも発泡スチロールのお椀に入れ、マットの上やソファーなどでグループになって食べた。さらには切ったスポンジケーキの上に、子どもたちは容器に入った白い生クリームを絞り出し、その上にカラフルな小粒を乗せ、オリジナルのデザートを作って口にしていた。

あそびのひろばの子どもたち。(2012年12月5日)

こうして1時過ぎに、楽しい「あそびのひろば」は無事に終わった。参加者は子ども51人とその親を含めた82人で、ボランティアは埼玉大学寄付講義のボランティア体験の学生11人を入れて約30人ほどであった。

一人で子育てからみんなで子育てへ

さいたまコープでは、「CO・OP　ともにはぐくむ　くらしと未来」というコープネットグループ共通の理念のもとに、「一人で子育てから　みんなで子育てへ」を合言葉とし、子どもと子育ての支援をしてきた。

まず親子ひろばでは、週1開催Cocco(コッコ)ルーム親子ひろばを7カ所において、月1回開催を11カ所で、組合員の自主的な運営である「くらぶ親子ひろば」を6カ所で、さらに、地域子育て支援拠点受託は北本・春日部《かすかべ》・桶川《おけがわ》の3市で4カ所にある（春日部市内に2カ所）。

一時保育は、組合員どうしの助け合い保育ボランティア制度があり、またコープカルチャー*利用の応援保育を行っている。コープ北本店では、北本市から一時保育事業の助成を受け曜日保育などを行っている。

また店舗の集会室コープメイトを会場として提供し、ＮＰＯや子育て支援センターによる講座や、ひろばや地域子育て支援拠点に利用している。

さらには店舗のパパママ応援ショップの協賛で、個人宅配の手数料の割引制度で買い物を応援している。

こうした取り組みをしているさいたまコープの、避難所における子ども・子育て支援について、当初から関わっている職員の根岸公江さん（49歳）に話を聞いた。

「震災直後の3月19日に、スーパーアリーナで避難している子どもに出会い、4月4日には旧騎西高校で『おやこのひろば』を平日の午前中にスタートさせました。体育館2階の用具室を『こどもべや』に改造し、Ｃｏｃｏルーム北本のスタッフが2人体制で運営してきました。

部屋へ入るとおもちゃが散乱し、まず片付けや清掃をして遊ぶ場所を確保しなければならない状況でした。怖い思いをした後の避難生活で、落ちつきのない子どもたちはよく物を投げたりして大変な状況がみられました。

体育館も全て住居スペースで活用していたし、双葉町役場や教育委員会は、幼稚園から高校まで200人以上の受け入れ先の調整や手続きに追われていたものです。幼稚園の先生が、子どもの状況をとても心配しながらも動きがとれず、双葉町や加須市はボランティアの保育士を求めていました」

1，400人もの避難者が、1つの高校の建物で暮らすようになったのだから、いくつも大変さはあったことだろう。そうした中で、緊急度の高い高齢者の介護などが優先され、子どものケアは結果として後回しになってしまっていた。

「4月から5月中旬までは避難所でインフルエンザが流行し、棟をこえた行き来が禁止になりました。小さいお子さんがいる家庭は、5月以降はあっという間に近隣のアパートなどへ移り、避難所の人数は減りました。また日本ユニセフ協会の支援者研修があり、プレイセラピー『こどもにやさしい空間づくり』を学びました。

7月には避難者が教室へ移動し、体育館の全てを子どものために使うことができるようになり、避難者を訪問して声掛けもしました。そうした結果、親子で遊ぶより子どもだけを預かるニーズの高いことがわかり、8月には『おやこのひろば』から一時保育も合わせた『ふたばこどもひろば』へと変更し、日本ユニセフ協会の支援を受けて子どもに優しい空間にしました。生協のＣｏｃｏルームから保育士１人と、愛の泉から１人の２人体制で運営し、平日の午前中を開けることで今も続けています」

その当時に根岸さんによる、「観たことや聴いたこと」のメモが以下である。

・子どもたちは、夜泣きして車の中で寝ていました。
・子どもが学校へ行きたがらない。朝食や弁当が心配です。
・おかゆから離乳食をはじめて３日目で震災し、離乳食はストップした。（７カ月のお子さんの母親）
・ここは５ヵ所目の避難所で、家族は別々の避難所です。（役場の職員）
・小さい子ども２人を連れて、バスや電車で移動したり、公園や広場に行ったことがない。（母親）
・車で街へ出るにも、ナンバーが気になる。避難者とすぐにわかる。また方向がわからなくなるので心配。（母親）
・テレビのニュースで30年帰れないと聞いた８歳の男の子が、「僕が帰るのは38歳になったときだ」と話した。（子ども）
・子どもたちには福島から脱出してもらいたいし、子どもたちを守らなければと思って埼玉県に来ました。

・保育園へ通っていたのに、こっちに来てからママやおばあちゃんから離れられなくて、おばあちゃんがみている。（2歳の女の孫のいる祖母）

・アパート暮らしは初めてで、「子どもが動くだけで、静かにしなさいって怒っちゃうんですよ」と話していた。（3歳と1歳の孫のいる祖母）

自由に伸び伸びと遊ぶことのできない子どもたちのストレスや、そうした子どもを見ている母親や祖母たちの悩みや苛立《いらだ》ちなどもこれらのメモからよく分かる。

なお「ふたばこどもひろば」には、いくつもの市民グループが協力したイベントもあった。加須市内の子育てサークル「ね牛会」のお父さん方による、かき氷の提供やシャボン玉遊び、ＮＰＯ法人「彩の子ネットワーク」や、加須市の子育てサークルペガサスの協力による「子育てサロン」もあれば、チョコレート作りと搗《つ》きたての餅も楽しんだ。また「双葉町の子どもと遊ぼう会」や、「埼玉県立歴史と民俗の博物館」や「川口ベーゴマクラブ」などが協力して「むかし遊び大会」を開催し、ベーゴマやけん玉やコマ回しなど、昔ながらの遊びに大人も子どもも熱中した。他には医療生協さいたまが、歯の健康チェックをしたことも好評であった。

いくつもの団体が協力し

さいたまコープによる避難者の子ども支援を、以下のいくつもの団体が協力して効果をあげている。

第一はユニセフ（ＵＮＩＣＥＦ：国際連合児童基金）で、世界の子どもたちの命と健康を守るために活動する国連機関である。第二次世界大戦によって厳しい生活を強いられた子どもたちへの緊急支援のため、１９４６年に創設された。子どもの権利を擁護する主要な機関とし、戦争で被災した子どもに限らず、子どもたちの健やかな成長のため、１５０以上の国と地域で教育、保健、水と衛生、栄養、保護等の支援活動を通じて、子どもたちの命と健やかな成長を支えている。

公益財団法人日本ユニセフ協会（ユニセフ日本委員会）は、１９５５年に設立され、世界36の国・地域にあるユニセフ国内委員会のひとつで、ユニセフとの協力協定のもと、日本国内において民間で唯一ユニセフを代表し、募金活動、広報活動、「子どもの権利」の実現を目的とした政策提言活動をしている。

埼玉県ユニセフ協会は、日本ユニセフ協会の地域組織として、２０００年に設立された財団法人日本ユニセフ協会埼玉県支部を前身とする任意団体で、埼玉県内でのユニセフ支援活動の促進を目的としている。

1984年のさいたまコープ第2回通常総代会は、協力協同の精神でユニセフ活動に取り組むことを決め、「わが子への愛を世界の子どもたちに」を合言葉に、ユニセフ募金キャンペーンを開始した。1995年には、さいたまコープは日本ユニセフ協会よりユニセフ募金事務局を委嘱され、2000年には全国で7番目の同協会の県支部として、日本ユニセフ協会埼玉県支部の実務を担当することになった。

なお、日本ユニセフ協会埼玉県支部の後身である現在の埼玉県ユニセフ協会の顧問には、上田清司埼玉県知事と清水勇人さいたま市長、会長には上井喜彦埼玉大学学長がなり、専務理事には佐藤利昭さいたまコープ理事長が就任している。

第二は社会福祉法人愛の泉で、キリスト教の信仰により、多様な福祉サービスがその利用者の意向を尊重して総合的に提供されるよう創意工夫している。高齢者の介護以外に子ども向けでは、乳児院愛泉《あいせん》乳児園、児童養護施設愛泉寮、保育所愛泉幼児園、放課後児童健全育成事業（愛泉学童クラブ）、児童家庭支援センター（愛泉こども家庭センター）の運営をしている。

第三はＮＰＯ法人しゃりで、子どもたちと楽しく遊び、その中で生きていく力・自主性・考える力をつけてもらい、子どもたちの成長を通して、地域・異世代・異団体をつなぎたいと、千葉県市川市を中心に活動している。なお<ruby>しゃり</ruby>の名前は、寿司のネタのよう

工作を楽しむ子どもたち。（2012年12月8日）

に、いろいろな遊びやイベントなどのネタを乗せて社会に貢献する思いを込め、高校生から60歳代の社会人までがスタッフとして登録し、「楽しくなければ続かない」がモットーである。

第四は臨床発達心理士会で、生涯発達を支援する使命のもとに、被災した子どもから高齢者までの支援を目指し、２０１１年3月に臨床発達心理士・東日本震災支援対策本部を発足させた。この会で取り組んでいる「ぴえろプロジェクト」は、Peace（平和のために）、Independence（人々の自立心に）、Encourage（希望を与え）、Resilience（自ら回復しようとする力を）、Respect（尊重し）、Objective（長期的な目標に向かっ）、Team support（チームで支援する）という

7つの心構えの頭文字をとっている。

本当の笑顔が戻る時まで

こうした「あそびのひろば」に関わった人たちの感想である。

「2011年3月下旬に、スーパーアリーナの避難場所へボランティアとして行ったところから、Coccoルームの双葉町の方への支援がはじまりました。旧騎西高校へ避難場所が移って、体育館で『おやこひろば』を始めました。避難してすぐの方々を目の当たりにして、どれだけ自分が被災された方々の気持ちを受けとめ、どんな役にたてるのか、スタッフ間で考え関わってきました。親子で一緒にというより、少しの間だけでも子どもを見てほしいという保育の要望がお母さんの声でわかり、現在までも月曜から金曜までお子さんを預かったり、お部屋に来たお母さんや保護者の方たちと、情報交換したりおしゃべりをしながらひろばを開催しています。

『預かってもらって助かります』とか、『こういうお部屋があって本当ありがたいです』という言葉をもらい、多少でも私たちのしてきたことが役立っているのかなと思います。

私は、毎週木曜日の炊き出しの応援隊にも参加させていただきました。昼間に会えない方とおしゃべりすることや、配膳でお味噌汁を配りながら、『食べてくださいね』と声をかけるひと時が、私にとっても貴重な体験になりました。さいたまコープの職員、元職員、組合員さんやＪＡの方々と一緒にやって、初めてお会いする方も多い中で、炊き出しの関わりでつながりのもてることが本当に嬉《うれ》しく感じました。応援隊の皆さんにも会って、『また、がんばろう！』という気持ちを持ち続けることができました。

月１回の『あそびのひろば』は、職員ボランティアやＮＰＯ、埼玉大学の学生さんなどと協力して開催し、大人気のフットサルをはじめ、ビーズ遊びやかるたや工作もあれば、親子で楽しめるのりまき大会、パフェ作り、クリスマス会などもありました。無邪気な顔で、『おはよう』『今日楽しみに来たよ』とやってきては、帰る時に『また来るから～』と元気に言ってくれたり、『自分も楽しみに来ました』とのお母さんの言葉に、会える嬉しさが回を重ねるごとに増していきました。

被災された方々の支援に携わりながら、一歩ずつ出来る限りのことをして歩んでいきたいと思います。～みなさんの本当の笑顔が戻る時まで～」（Ｃｏｃｏルーム　鹿島育子）

「アリーナから騎西高校へ、本当にお疲れさまです。そしてご指導していただきありがとうございます。コープさんの炊き出しに参加したのが懐かしいです。双葉町のお母さんたちが作った双葉味の茄子《なす》の浅漬けを、避難している方々が美味しいと言って食べていました。炊き出しは本当に美味しかったです。

『あそびのひろば』で僕は、ひたすら遊ぶことしか考えていなかったですが、愛の泉さん、臨床発達心理士さん、埼玉大の学生さん、所沢学童の方、キラキラの方、ペガサスさん、彩の子ネットさん、ワンバイワンさんたちが、子ども一人ひとりとじっくり関わってくださったからこそ、子どもたちがいつも集まる居場所になりました。ありがとうございました」（NPO法人しゃり　藤井良隆）

『あそびのひろば』に参加する中で感じたことは、一人の力の小ささや尊さと、協力することの大切さです。震災を受けて自分にできることは何かをずっと考えていましたが、思いつくことはとても小さいものばかりでした。私が一人で活動しても、きっとほとんど何もできないと思います。しかし、この活動に参加したことを通じて、同じ考えをもった人たちが協力し、一つのことを成し遂げようとすれば、たくさんの人の笑顔につながることがわかりました。そしてそのように協力するには、誰かの笑顔のために頑張る個人が必要です。

一人ひとりの小さくて尊い力が、同じ目的に向かって繋がっていけば、きっとみんなが笑顔になれる日が来ます。この想いを大切にしながら、これからも自分にできることを出来るだけたくさんやろうと思います」（埼玉大学４年　中田和希）

避難している子どもたちの本当の笑顔が戻る時まで、できることをしようとする人たちの強い思いが伝わってくる。

＊　コープカルチャー――さいたまコープが組合員向けに開催する、ダンス、絵画、外国語などのカルチャー講座。

第14章

福島の子どもに寄り添って

福島の子ども保養プロジェクト

東京電力福島第一原発の事故により、古里を離れて放射能の汚染など不安な中でくらす子どもが多い。そうした子どもたちを、埼玉だけでなく全国の生協がサポートしている。

子どもの歓声が

「ワー、負けた！」

じゃんけんをして負けた男の子は、自分たちの陣地に向かって大きな声で叫ぶと、小走りで戻ってきた。一方のじゃんけんに勝った相手の女の子は、笑みを浮かべて曲がった線の上を急いで進み、相手の陣地から次に走ってきた新しい女の子と出会った場所で、またじゃんけんをした。グランドの一角に20メートルほど離れて2つの陣地を作り、その間はへびがくねったような曲線の通路で結んである。子どもたちの大好きなゲームであるヘビじゃんけんであった。

「ヨーイ、ドン！」

最初の合図で、両方の陣地から子どもが飛び出し、通路の出合った場所でじゃんけんをし、負けた方は味方に大声で連絡して道を空け、勝った子どもは先へと進む。その繰り返しを何回かして、早く相手の陣地に足を入れたチームが勝ちである。じゃんけんによって一瞬で勝敗が決まり、かつ瞬発力を使い、曲線に沿って素早く足を動かさなくてはならない。じゃんけんに負けた子は、すぐに自分の陣地に戻り、また順番が来たら走り出る。1チームは4～5人だから、すぐに自分の番となって駆け出さなくてはならず、それなりにハードな遊びであった。

ようこそ！
歓迎!! 福島の子ども保養プロジェクト in 埼玉
子どもの保養プロジェクト in 埼玉。（埼玉県生協連提供 2012年8月25日）

２０１２年8月25日の、まだ残暑の厳しい埼玉大学のグランドであった。福島からやってきた多数の子どもたちが、学生のボランティアといっしょに遊んでいた。「福島の子ども保養プロジェクトｉｎ埼玉」の一場面である。

福島の子ども保養プロジェクト

「福島の子ども保養プロジェクト」は、福島県生協連、福島県ユニセフ協会、福島大学災害復興研究所が協力し、原発事故被災地域の未就学児と小学生の子どもやその保護者を対象に、週末や長期の休み期間中に低線量の地域で過ごしてもらう活動で、プロジェクトを紹介するパンフレットには以下のように説明している。

「目的　福島の子ども保養プロジェクト（愛称：コヨット）では、福島第一原子力発電所事故

（原発事故）の被災地において、低線量地域への避難を望みながらも、諸事情によりそれらが困難な子育て世帯のニーズを把握し、それらのニーズにきめ細かく対応する体制を整え、身体的・心理的・金銭的に支援することを目的としています。

具体的には、県内外の低線量地域における短期間（数日間）の保養を、継続的・定期的に原則無償で提供します」

こうして期待される効果としては、第一に子どもと保護者の心身両面からの保養、第二に参加者間の交流の場、第三に支援者との交流の場となり、子どもは社会で守ることにつながるとしている。

こうした取り組みを、日本生協連をはじめ全国の生協や日本ユニセフ協会などが協力し、２０１１年12月から実施している。この企画やその実施には、全国の生協が取り組んでいる「つながろうＣＯ・ＯＰアクション　くらし応援募金」や、いくつもの協力団体による寄付金を役立て、子どもたちの遊びだけでなく、保護者同士や支援者との交流の場も設け、子どもと保護者の心身両面の保養を目指している。

その呼び掛けを受けた埼玉では、「福島の子ども保養プロジェクト　ｉｎ　埼玉実行委員会」を立ち上げ、以下のようにこの企画を説明している。

「東日本大震災による原発事故。健康被害に不安を抱え、あまり外で思い切り遊ぶことも出来ない福島の子どもたち。小さな子どもたちの健康を気遣い、精神的にも大変な思いをされている保護者の方々。福島の子ども保養プロジェクトｉｎ埼玉実行委員会では、こうした子どもたちや保護者の皆様に寄り添いながら、できる限りの支援をしたいと、夏休みを利用して埼玉に子どもと保護者をお招きし、子どもたちが十分に外遊びできる企画と保護者の疲れを癒やす企画を実施しました」

実行委員会には、さいたまコープ、パルシステム埼玉、生活クラブ生協、医療生協さいたま、埼玉県ユニセフ協会、埼玉県生協連が加わり、他に協力団体・企業として、埼玉大学生協学生委員会、大宮アルディージャ、東武レジャー企画株式会社、鉄道博物館、ＪＡ埼玉県中央会・ＪＡ女性組織協議会、株式会社伊藤園、東京サラヤ株式会社、臨床心理士協会、たっちアロマの会が参加した。

埼玉にあるいくつもの団体が、福島で被災した子どもたちを応援していることがよくわかる。

埼玉での取り組み

２０１２年８月24日から26日の２泊３日で、福島から32家族の78人が埼玉を訪ねた。以下がその概要である。

８月24日（金曜日）

８：00　福島駅西口出発・９：20　郡山駅西口出発（大型バス２台）

13：00　東武動物公園着、16：00までグループ行動を基本に見学。学生ボランティア11人（福島大学２人、埼玉大学９人）も参加。

15：00　県民活動センターにボランティア31人（さいたまコープ、パルシステム埼玉、生活クラブ、医療生協さいたまの各生協から26人、ＪＡ女性協５人）が集合し、ＪＡより提供の小松菜・梨・ブルーベリーを使い、小松菜入り冷製スープとデザートを調理した。

16：30　参加者は、県民活動センターへ到着。

18：00　ボランティア含めた全員で、ウエルカムパーティをレストランでおこない、参加者は１４４人になった。岩岡宏保《いわおかひろやす》埼玉県生協連副会長の、「３日間を皆さんに楽しんでいただくために、全力で取り組んでいきます」との歓迎のあいさつで始まり、和やかに交流した。お楽しみ企画として、埼玉県にちなんだクイズや、ビンゴゲームなど学生ボランティアの企画で盛り上がり、またボランティアで作った食後のデザートもあった。

さいたまコープ佐藤理事長が、「地元の生協とＪＡの皆さんで準備をしてきました。今日は楽しんでいただけましたか。くれぐれもけがのないよう、後２日間楽しみましょう」

と閉会のあいさつをした。その後の花火大会にも、ほとんどの親子が参加した。
8月25日（土曜日）
9：00　県民活動センターを出発。
10：00　埼玉大学に到着し、上井喜彦学長と井上直也埼玉大学生協理事長が迎えた。上井学長は、「福島では外で遊ぶことが難しくなっています。今日は、埼玉大学のキャンパスで思いきり遊んでもらい、想い出を作ってください。今日も明日もあります。思う存分楽しんでください」とあいさつした。子どもたちは学生ボランティアと、ヘビじゃんけん・綱引き・輪投げをし、その後は生協食堂で「まんぽゲーム」をおこなった。
保護者は、同じ食堂でアロママッサージやボムせっけん作りをし、また地域生協の組合員によるお茶のコーナーもあった。
12：30　JAからの梨、ブルーベリー、茄子、南瓜《かぼちゃ》、ゴーヤを使い、生協食堂でビュッフェスタイルの昼食をとった。
13：40　埼玉大学を出発し、スポーツ総合センターへ14時30分に到着。
17：30　ナックファイブスタジアムに向かい18：00に着。大混雑のスタジアムでサッカーを観戦した。
8月26日（日曜日）

9：00　スポーツ総合センターを出発。
9：40　鉄道博物館に到着し、家族ごとに見学した。
13：00　子どもや保護者は、ボランティアたちと別れを惜しみながら福島に向かった。

「全部楽しかった」

まずは子どもたちの感想である。

「私が埼玉へ行って楽しかったのは東武動物公園です。鉄道博物館など全部楽しかったけど、とくに東武動物公園が楽しかったです。動物公園では、東武スーパープールに行って、波のプールやウオータースライダーみたいなすべり台や流れるプールなど、暑かったので最高でした。プールがおわったあとの動物公園もすごかったです。ホワイトタイガーやアルパカがかわいかった。

あと2つ楽しかったことがあります。それは埼玉大学でつなひきやヘビじゃんけんをしたことと、サッカーを見たことです。サッカーは、はく力があり印象に残りました。本当にホントに楽しかったです!!」（小学6年　女）

「楽しかったことは2つあります。1つ目は、とう武動物公園のジェットコースターと、肉食じゅうのいるところがおもしろかった。ジェットコースターが速くて、首がいたくなりました。はじめから速くて、ゆだんしていましたので、ゆだんはきんもつだなと思いました。肉食じゅうの中でもホワイトタイガーが、ヒョウよりもライオンよりも大きかったです。

もう1つは、ベガルタ仙台 VS 大宮アルディージャの試合で、すわるところがなくてバラバラになりました。弁当をそこで食べて、いっぱいかんせんしました。すごくたのしかったです。ともだちもできたし、お母さんと妹とも話がはずみました。今回は、ありがとうございました」（小学5年　男）

「いちばんたのしかったのは、さるにえさをあげたことです。おこづかいでえさをかいました。にばんめにたのしかったことは、おにいさんやおねえさんとあそんだことです。よるは、はなびをやったのでたのしかったです。たくさんあそんでくれてありがとうございました。よるのごはんがおいしかったです。ぼくは、とうふとこまつなのスープがおいしかったです。おばさん、ありがとう。なつやすみのたのしいおもいでができました。またいきたいです」（小学1年　男）

「ともだちがいっぱいできたのがうれしかった。ボランティアのみなさんにやさしくしてもらった。ボランティアさんとしゃべったのがたのしかった。ありがとうございます」（小学1年　女）

福島で放射線量の高い学校は、屋外でのかけっこやプール遊びを禁止していた。このため埼玉に来て、真夏の太陽の下で思い切り体を動かして遊ぶことができたことを、どの子も喜んでいた。

小学3年の娘と小学5年の息子を連れて参加した母親の礼状もあった。

「地震があってから原発の事故もあり、なかなか他県に行く気持ちになることが出来ませんでした。インターネットなどで、福島県民は放射能を運んでくる、被曝しているなどいろんな書き込みを見ると、出掛ける気にもなりませんでした。昨年は子どもだけでもと思い、参加させたりしていました。今回、サッカースクールからこの企画のことを知り応募させてもらいました。当選の連絡が来た時は、子どもたちも大喜びでした。なかなか親と子の企画はないので、本当にうれしかったです。

動物園やサッカー観戦は、とてもワクワクしていました。福島から動物園に行き、プールでみんなが遊んでいる姿を見て、『僕も外のプールに入りたいな』と言っていました。プール以前は普通にしていたことが、今は出来ないのがくやしそうでした。夕食の立食パーティを子どもは体験したことがなかったので、お腹がはれつしそうになるくらい食べていました。

2日目からは、周りのお友達やグループのメンバーとも仲良くなって、とても楽しかったようです。私もお母さん方といろんな話をたくさんしました。またボランティアの方に、マッサージや世間話までしていただいて、とても私たちも楽しませて頂きました。

生協の皆様、本当に感謝の一言です」

他の母親のお礼である。

「親も一緒にリフレッシュできて幸せでした。福島では『小川に入らないで』と言っても、子ども達は放射性物質のことは考えないで遊んでいます。親の心配は計り知れません。今回の遊園地と鉄道博物館は、とても楽しかったです」

父親の感想もあった。

「久々に子どもと楽しい時間を過ごせました。福島では離ればなれで生活しているので、今回あえて私が子どもたちと参加させてもらいました」

短い3日であったが、それぞれに楽しい夏の想い出となった。

支えた人々

こうした3日間を裏方で支えたのは、以下の事務局とボランティアであった。

ボランティア計80人：生協組合員ボランティア43人（さいたまコープ13、パルシステム埼玉10、生活クラブ生協3、医療生協さいたま15、埼玉県生協連2）、学生ボランティア

17人（福島大学2、埼玉大学12、跡見学園女子大学3）、たっちアロマの会・愛の泉10人、ＪＡ女性協議会7人、臨床心理士3人。

事務局計12人：さいたまコープ2人、パルシステム埼玉2人、生活クラブ生協1人、医療生協さいたま3人、埼玉県ユニセフ協会1人、埼玉県生協連3人。

こうした人々の協力で企画は成功し、以下はその方たちの感想である。

「Ｊリーグ自由席での観戦はきついと感じました。混雑の中での試合終了後の子どもたちの引率など、緊張したがよい体験ができました」（埼玉大学学生）

「家族で楽しんで頂けたことが良かった」（パルシステム埼玉）

「子どもたちの喜んでいる姿を沢山見られたので、やって良かった」（医療生協さいたま）

「子ども達の多くの笑顔が見られて良かった」（生活クラブ生協）

「怪我《けが》なく無事に終了し良かった。学生の力なくしてはできなかった」（さいたまコープ）

支えた人たちにとっても楽しい想い出となった。

全国でも福島の子ども保養プロジェクトが

福島の子ども保養プロジェクトは、２０１２年7月14日～8月26日の期間に、表1のように夏休み特別企画として、全国各地で18の企画に約６９０名を招待した。

表1　福島の子ども保養プロジェクト

企画名	出発日	募集人数	主催組織（生協等）
子ども保養 in いばらき（野球）	7月14日（土）	80名	IYC茨城県実行委員会
北海道へ遊びに行こう！ 夏休み大自然北海道ツアー　5日間	※全4コース 7月22日（日） 7月24日（火） 7月30日（月） 8月17日（金）	 24名 30名 30名 24名	コープさっぽろ
新潟五頭連峰　3日間	7月26日（木）	40名	新潟県生協連ほか
富山県氷見市で日本海の夏の海を楽しもう！　3日間	7月28日（土）	20名	富山県生協連ほか
神戸・よしまキャンプ　5日間	7月29日（日）	30名	コープこうべほか
かんさい（滋賀・奈良・大阪）　5日間	7月31日（火）	50名	コープしが、ならコープ、奈良県生協連、大阪府生協連
子ども保養 in はこだて	7月31日（火）	20名	被災地の子どもを応援する会「ほんわか」（コープさっぽろ共催）
親子で行く秋田なまはげツアー 3日間	8月1日（水）	30名	コープあきた
コープあおもり　ねぶたツアー 2日間	8月2日（木）	30名	コープあおもり
子ども保養 in いわて	8月6日（月）	30名	岩手県生協連
富山県朝日町ヒスイ海岸でのんびりリフレッシュ！　3日間	8月10日（金）	20名	富山県生協連
神奈川・三浦半島　3日間	8月14日（火）	35名	神奈川県生協連
この夏、南会津へキャンプに行こう 5日間	8月20日（月）	30名	福島の子ども保養プロジェクト（福島県生協連ほか）
おいでよ！かながわ　3日間	8月21日（火）	80名	東日本大震災避難者連帯事業神奈川実行委員会
埼玉、動物園・サッカー観戦他 3日間	8月24日（木）	90名	福島の子ども保養プロジェクト in 埼玉（埼玉県生協連ほか）

各地の楽しい企画は

各地の生協は次のように創意工夫し、福島の子どもたちを温かく受け入れている。

①「福島の子どもたちと友達になろう」（7月29日〜8月1日：コープみえ）

三重県鳥羽市の答志島《とうしじま》で、三重県と福島県の子どもたちが楽しい時間を過ごし、保護者もゆっくりした。子どもたちで7〜8人のグループを作り、スタンプラリーもあり、「海は2年ぶり。とっても楽しい」と笑顔の子どももいた。ゲームや海水浴などに熱中する子どもたちを横目に、砂浜の日陰でお母さんたちはのんびりしていた。

②「福島の子ども保養プロジェクト　ｉｎ　新潟〜思いきり自然と遊ぼう！〜」（7月26日〜28日：新潟県生協連）

「五頭連峰少年自然の家3日間」として、福島在住と福島から新潟に避難している小学生を対象に、自然との触れ合いを楽しみ、互いの心の通い合いに役立てた。参加した31人の子どもたちは、しめ飾り作りやゲームで交流した。

③「福島の子ども保養プロジェクト　ｉｎ　富山」（7月28〜30日：富山県生協連）

「富山県氷見《ひみ》市で日本海の夏の海を楽しもう」という、親子がリフレッシュできる交流をした。参加した福島県内の4家族16人は、海水浴、魚釣り、地引き網、海岸での花火などを楽しんだ。「久しぶりに長時間思いっきり楽しく遊びました」という声や、終わりの式で「富山は最高！」という子どもの感想もあった。

④「福島の子ども保養プロジェクト ｉｎ 神戸」（7月29日～8月2日：コープこうべ）

コープこうべは神戸ＹＭＣＡや兵庫県ユニセフ協会と協力し、福島県内に住む小学４～6年生30人（男子22人、女子８人）を、香川県小豆島近くの島にある神戸ＹＭＣＡ余島《よしま》野外活動センターに招待し、神戸・よしまキャンプを実施した。海水浴・カヌー・アーチェリー・海釣りなどの野外活動でのびのび遊び、元気いっぱい過ごした。

⑤「福島の子ども保養プロジェクト ｉｎ 関西」（7月31日～8月5日：コープしが、ならコープ、奈良県生協連、大阪府生協連）

コープしが、ならコープ、奈良県生協連、大阪府生協連が協力し、49人の子どもたちが、６日間で滋賀、奈良、大阪を回った。奈良の県立野外活動センターで、カレーや焼きそばをお腹一杯食べ、キャンプファイヤーを楽しんだ。翌日はフィールドアスレチックで体を動かし、大和郡山《やまとこおりやま》名物の金魚すくいもした。奈良公園では、多くの鹿に圧倒されながらも、初めて見る鹿と楽しく遊んだ。

⑥「福島の子ども保養プロジェクト ｉｎ 秋田」（8月1～3日：コープあきた）

「親子で行く秋田なまはげツアー」の企画で、秋田の自然と文化に触れた。秋田の子どもにとって〝なまはげ〟は怖いが、福島の子どもは喜んで記念撮影するなど大人気だった。

⑦「福島の子ども保養プロジェクト ｉｎ あおもり」（8月2～3日：コープあおもり）
青森の郷土文化に触れてもらう、「コープあおもり　ねぶたツアー」である。参加した子どもたちは、生協ねぶたの〝ハネト〟として参加し、はやしが流れると、「ラッセラ～ラッセラ～」と地元の人たちと一緒に大声を出し跳ねた。「見るだけでなく、衣装を着て〝ハネト〟として参加でき貴重な体験ができた！」と、参加した親子は喜んだ。翌日は浅虫海岸で、海水浴や西瓜割りも楽しんだ。

⑧「福島の子ども保養プロジェクト ｉｎ さっぽろ」（7月22～26日、7月24～28日、7月30日～8月3日、8月17～21日：コープさっぽろ）
「北海道へ遊びに行こう！　夏休み大自然北海道ツアー」として、北海道の自然や空気を満喫してもらうため、北海道ユニセフ協会や東川農協と協力して実施した。企画に関わる募金も組合員から募り、1，300万円の善意の募金が寄せられた。4回で計110人の子どもたちが参加して北海道を満喫し、「帰りたくない」「また来たい」の声もあった。

⑨「おいでよ！かながわ」（8月21～23日：東日本大震災避難者連帯事業実行委員会〔神奈川県生協連、連合神奈川、神奈川県労福協、Ｖネット、中央労働金庫神奈川県本部、

全労済神奈川県本部）
参加したのは福島県内の小学３～６年までの子ども77人で、70人もの教職員や学生のボランティアが協力し、涼しくなった夕方から西瓜割りや花火大会を開催した。キャンプファイアでは、相模原《さがみはら》市のゆるキャラ着ぐるみや地元歌手も飛び入りで参加し、夜まで楽しく過ごした。

⑩「ラストサマーフェスティバル　ｉｎ　蔵王」（９月８日～９日：ココヨット！　ｔｅａｍ 福大）
毎週末実施の福島の子ども保養プロジェクトにも、スタッフとして福島大の学生が参加している。今回は夏の特別企画として、福大生だけで企画と運営をした。参加した小学校３～６年生27人の子どもたちは、動物と触れ合ったり、キャンプファイアをして楽しい時間を過ごした。

⑪「福島の子ども保養プロジェクト　ｉｎ　しずおか」（９月15～17日：コープしずおか）
「富士山へ行こう！　遊ぼう！」と自然の中でたっぷり遊んでもらうため、福島県の小学校３～６年生22人を御殿場《ごてんば》に招待した。企画のメインの「ふじさんぽ」は「富士山で散歩」の略で、登るにつれ変化する自然の魅力と、下山時のダイナミックな〝砂走り〟が名物で、子どもたちは全身砂まみれになって富士山の自然を楽しんだ。

⑫「福島の子ども保養プロジェクト　ｉｎ　いばらき」（10月27～28日、11月10～11日、11

月24～25日：いばらきコープ）

合計29家族95人が参加し、いばらきコープと取り引きのある産地での収穫体験や観光施設の見学、筑波山ハイキングなどをした。２０１２年は「国際協同組合年」でもあり、茨城県ホテル旅館生活衛生同業組合や中央労働金庫といった県内の他の協同組合も協力した。

⑬「福島の子ども保養プロジェクト特別企画」（10月27～28日：福島県生協連）

福島の中通り地区と浜通り地区在住の親子計３０６人が、バス９台を利用し、１日目は東京ディズニーランドで、２日目はキッザニア東京で楽しい時間を過ごした。

各地の生協の協力で、福島の子どもたちの笑顔が広がっている。

他にも福島の子どものために

福島県生協連は福島大学災害復興研究所と協力し、休日・祝日・長期休暇を利用して、放射線量の低い地域に子どもと保護者を案内し、子どもたちが十分に外遊びができ、子どもたちの笑顔を取り戻すとともに保護者の疲れを癒やすために、受け入れ地域の人々と交流する各企画を実施してきた。

２０１１年12月から２０１２年９月29日までに、毎週末に実施している未就学児を対象

表2　週末保養と就学児プラン

企画の名称	回　数	子ども	保護者	スタッフ	参加者合計
週末保養	55	1,252人	1,127人	343人	2,722人
就学児プラン	6	139人	104人	20人	263人

とした週末保養が55企画で、小学生を対象としたディズニーランド企画など就学児プランが6企画開催され、参加人数等は表2である。

この他にも未就学児プラン・乳幼児プラン特別コース・おもいっきりそとあそびプランなどにも取り組み、それぞれ現在も継続している。

第**15**章

さよなら原発

埼玉県生協連

原子力発電については、国民の間に賛否両論があり、自然エネルギーを含めて議論は多く、それは生協内においても同じである。事実を共有して議論を積み重ねることが大切であり、埼玉県生協連の「さよなら原発」集会もその貴重な一歩である。

熱気に包まれた大ホール

「♪誰にも止められない　原発事故
　どこまでも拡がる　汚染の被害
あらゆる真実を　隠す関係者
　嘘だけを発表する　無責任な政治家たち……」

　2012年10月8日の午後であった。さいたま市文化センターの大ホールは、2、800人余りの熱気で包まれていた。「さよなら原発　埼玉県民集会」が開催となり、冒頭のアトラクションにおいて、結成20年を迎えた若い女性6人の制服向上委員会が、「原発さえなかったら」をギターに合わせて明るく伸び伸びと歌っていた。

　他にも「TEACH YOUR CHILDREN」「理想と現実」「悪魔№だっ！　民主党」「ダッ！　ダッ！　脱・原発の歌」など、若さあふれる歌声を続け、一番悪いのは「大人たちがウソをつくこと」と訴えた。10代から20代の女性アイドルグループが、こうした政治色の強い歌を朗らかに歌っていることが私には新鮮であった。

原発にNO！

　この「さよなら原発　埼玉県民集会」は、「原発にNO！　再生可能エネルギーの転換

さよなら原発埼玉県民集会。（埼玉県生協連提供 2012年10月8日）

を」をキャッチフレーズにし、発起人には、伊藤恭一《やすかず》（埼玉県生活協同組合連合会会長理事）、柿沼トミ子（埼玉県地域婦人会連合会会長）、田中熙巳《てるみ》（埼玉県原爆被害者協議会会長）、肥田《ひだ》舜太郎《しゅんたろう》（埼玉県原爆被害者協議会名誉会長・医師）、山下弘之（埼玉県平和運動センター議長）、吉野良司（原水爆禁止埼玉県協議会理事長）が並んでいた。

わが国の原水爆禁止運動は、不幸なことに原水爆禁止日本協議会（原水協）と、原水爆禁止日本国民会議（原水禁）の2つのグループに分裂したまま推移しているが、埼玉ではこの平和5団体が協力し、毎年のように原爆死没者慰霊式をしている。

なお呼びかけた20人も多彩で、次のように各界から出ている。

石井孝幸氏（東埼玉百人委員会代表）、大熊照夫氏（映画監督）、太田堯《おおたたかし》氏（東京大学名誉教授）、大場敏明氏（埼玉県保険医協会理事長）、鎌倉孝夫氏（埼玉大学名誉教授）、木下卓氏（市民測定所うらわ実行委員会事務局長）、橥原道子氏（埼玉ＹＭＣＡ総主事）、小寺隆幸氏（原爆の図丸木美術館理事長）、白田真希氏（原発さよならデモ＠埼玉運営メンバー）、杉浦公昭氏（東洋大学元教授）、高橋哲哉《てつや》氏（東京大学教授）、高橋英猛氏（真言宗・住職）、高橋正久氏（さよなら原発越谷連絡会代表）、田島公子氏（越生《おごせ》町長）、辻浩司氏（ぴーすうぉーく ＩＮ 春日部代表）、富沢賢治氏（一橋大学名誉教授）、中村梧郎氏（前岐阜大学教授）、中山福二氏（埼玉弁護士会元会長）、早崎仁氏（原発さよならデモ＠埼玉運営メンバー）、望月靖彦氏（脱原発スモールアクション代表）

たとえ思想信条が異なっていても、人間らしく生きるため原発に〝さよなら〟をしたい人々が集まっていた。そのため集会のレジメの表紙には、申し合わせ事項として次の項目が最初に入っている。

「この集会は原子力発電所に依存した日本のエネルギー政策に反対したり、疑問を持つ幅広い人々に開かれています。多様な意見を尊重し合うこととし、誹謗《ひぼう》や中傷は厳に慎みましょう」

多数の人々が集まるためには、こうした細かい配慮が必要だろう。

生き延びる勇気を

集会の講演は、被曝医師である肥田舜太郎さん（95歳）の26分のビデオメッセージでスタートした。被災当時に28歳の肥田さんは、広島陸軍病院に勤務していたが、急患で市内から6キロ離れた村へ往診していたので直接被爆はしなかった。しかし、病院では原爆投下で597人が亡くなり、わずか3人が生き残った。

病院に戻った肥田さんは、運び込まれた1，000人ほどの被曝者を治療した。口や鼻だけでなく目からも血が流れ、ひどい火傷と40度を超す熱の急性症状で次々に亡くなる人が続いた。薬も治療器具も不足し遺体を置く場所さえなく、名前や年齢も判らず記録を残すだけの状況だった。1カ月ほどたってからは、後から現地に入った人などを含め原因不明で亡くなるケースが出始め、その原因は30年間判らなかったが、やがて内部被曝であることが判明した。

今も福島第一原発からの放射能汚染の流出は止まっていないが、被曝者は生き延びる勇気を持ってほしいし、何よりも心配なのは子どもたちであり、詳細な記録を取っておくことが必要だと訴えていた。

被災者も国民

「福島第一原発の爆発時には、白い断熱材の破片が雪のように音もなく降ってきました。当然その中に放射能も含まれていたので、町民の多くは内部被曝を受けました。東電の社員が来て、放射線量を測っていたのに何も言わずに帰り、情報が入らないままでした。隣の町にはバスが80台も来たのに、双葉町には全く来なかったので、ガソリンがある車を乗り合いしてみんなで避難したのです。

安全でない中で、国や東電は安心教育をしています。決して大丈夫ではなく、町長としても責任を感じています」

加須《かぞ》市に役場ごと避難している双葉町の井戸川克隆《いどがわかつたか》町長（66歳）が、「福島原発から学んだこと」と題して報告していた。淡々と話し、それだけ緊張感が伝わってくる。

「東京電力は、放射性物質をまき散らした張本人でありながら、除染の直接責任は負わず、国の法律で国民と自治体に責任を負わせ、東電はあくまで協力する位置付けです。犯罪の被害者がいるのに加害者がいない。責任をとった人が誰もいないとはどういうことですか」

静かな口調の中に、鋭い怒りがにじんでいた。国会事故調査の報告書にもある通り、原発の事故は人災で、東京電力は責任を取るべきだが誰もあいまいにしたままで、賠償や示談への圧力もある。被災者は着の身着のままで古里を離れ、土地や家など全てを奪われたにも関わらず、その賠償は何と交通事故を基準にしており、被害補償には程遠い内容である。さらには仕事もなく危険な年間20ミリシーベルトもの環境の中に、政府災害対策本部の生活支援班は住めと言っている。言っている役人に率先して現地で生活できるかと、井戸川さんが逆に問い返したら、誰も首を縦に振る人はいなかった。

ちなみに福島で、避難指示解除準備区域とされている年間20ミリシーベルトの放射線量は、毎時にすると約2マイクロシーベルトとなり、チェルノブイリの汚染地では強制避難ゾーンとなっている。

「当時の野田首相に、『双葉町民は日本国民ですか？』と問いましたよ。私たちは日本国憲法が保障するはずの国民扱いされておらず、双葉町民にはきちんとした被曝検査を要求しても、いまだにおこなわれていません。

多くの若者が県外に出て、残っているのは老人ばかりですが、町としては家系の継続を第一に考えています。

長引く避難生活の中で、希望が持てず体を病み、亡くなった人が何人も出ています。何度かくじけそうになりましたが、皆さんの励ましもあり、ここまでやってきました。埼玉やそれ以外の人たちが、そっと寄り添ってくださることに本当に感謝しています」

話が終わると大きな拍手が会場からわいた。なお配布された町長の資料には、日本の片隅に双葉の町を作らせてください・事故の加害責任を明らかにしないのは正しい歴史になりません・事故は収束していません・このような事故処理は、これからの悪しき前例になります・国民はすべてにおいて主体者です、などの大切なメモがいくつも書いてあった。

民主主義の立て直しを

次にルポライターの鎌田《かまた》慧《さとし》さん（74歳）の話に移った。原発反対の1，000万人署名には809万人が賛同し、また2012年7月の代々木公園の「さよなら原発集会」には、実に17万人が参加し、世論は圧倒的に反原発であると話をスタートさせた。

特に鎌田さんは、民主主義の視点を強調し、原発は嘘《うそ》と金と脅迫で行われており、民主主義を立て直さなくてはならないと話した。「原発は安い」は嘘であり、この猛暑の夏でさえ足りたので再稼働は認められない。能登半島の珠洲《すず》市では原発阻止に成功しており、農漁業者の被害や原発労働者の被曝などを許してはならない。原発企業の三菱や日本製鋼などはそのまま軍事産業であり、放射能による被害は、広島、長崎、第五福竜丸、東海村、そして福島と続いている。ドイツの政府は脱原発を決めており、日本も廃炉の研究以外は止めるべきである、などと強く訴えた。

「私が原発に反対するのは、もちろん危険だからです。それと同時に原発は、非常に汚いものだからです。原発は、嘘と脅しと金の力で作られ、とても汚いものなのです。原発事故を許してしまったのは、私たちの民主主義の運動が弱かったからです。しかし、3・11以降の私たちの運動は、民主主義を強める方向で発展してきています。みなさん、一緒にがんばりましょう」

第一線の現場を自らの足で長年歩いてきた鎌田さんの話には、強い説得力があった。

地域からの声

休憩を挟んで埼玉合唱団によって、「決意」（メーデー歌集版）「人間の歌」（山ノ木竹志／吉田桂子）などの合唱が披露され、その後に「地域の取り組み報告」があった。

脱原発をめざす首長会議に加盟し、脱原発を宣言した越生町の田島公子町長からは、「太陽光発電に補助金を出し、節電を進めている」と報告があった。首長会議は、住民の生命と財産を守る首長の責務を自覚し、安全な地域社会を実現するため原子力発電所をなくすことが目的である。2012年4月に設立し、2013年2月4日現在で、全国37都道府県において元職12名を含む81名が参加している。

三郷《みさと》市の保育士は、子どもたちから「何で外で遊んじゃだめなの？」と聞かれたり、また、鼻血を出す子が増えたとの報告があり、会場から驚きの声が上がった。南相馬にボランティアで参加した女子高校生は、「テレビに映っていることと現実は違う。あなたのやるべきことは、地元に帰って福島のことを伝えることだと言われました」と体験を語っていた。県内の病院に勤務する看護師からは、仲間が辞めていったことや、新日本婦人の会からは線量計で今も定期的に測定している報告などがあった。

さよなら原発＠（アット）埼玉の若者からは、ツイッターで結ばれた仲間の輪が広がり、デモは所沢市を含めて13カ所で開催したことや、原発が止まるまでデモを続けたいという話があった。

埼玉で暮らしている福島から避難した男性は、福島第一原発から5キロの場所で82歳の母と暮らす妻から、「帰って来るな！」と言われ、一瞬夫婦の危機かと思ったが、それは妻の「せめて県外にいる夫と子どもだけは、生き延びてほしい」と、死を覚悟のメッセージだったと、声を詰まらせて報告した。すぐに会場からは、「がんばれ！」の声援が飛んだ。

さよなら原発1，000万人署名を進める朝霞市の団体からは、高い放射能汚染の現地で夫が働き、東電の情報隠しと嘘の人災の中で、既に6名が自殺していることに触れ、会場から驚きの声があがった。

放射能から子どもを守る会からは、8歳と4歳の子どもを持つ母親が、「ただちに影響はありません」と繰り返すテレビやラジオに対し、インターネットでは、「念のため家から出ないほうがいい」とか、「風向きが大事」と異なる意見を出していることに触れた。命を守るためには情報が重要であり、パニックを恐れ正しい知らせを出さないことは、正確な判断のチャンスを奪っていると強調していた。

県内各地で脱原発デモを繰り広げている女性のリードで、「子どもを守れ！」「再稼働反対！」のシュプレヒコールもあった。

原子力発電と共生できない

最後に以下の、原発の廃炉と再生エネルギーへの転換を国と県に求める「さよなら原発埼玉県民集会決議」を読み上げ、大きな拍手で確認して採択し、予定の5時に閉会した。

「（略）事故から1年7か月を経過した今もなお、16万人もの人が先の見通しの立たない不安で不自由な避難生活を余儀なくされています。

海洋や農地・森林、大気などの自然環境、食糧や飲料水の汚染、住民の被ばくなど、私たちの不安は何ら解決していません。原発からは、2万4千トンの使用済み核燃料が作り出され、行く先のない使用済み核燃料は、各原発立地内に貯蔵され続けています。原発事故は、ひとたび放射性物質が放出されると、その被害が広がり続け、それを防止する手段はありません。二度と原発事故を起こすことは許されません。

『原発は適正に管理されているはず』『原発はクリーンなエネルギー』と思っていた人も含め、原子力発電への疑問と不安は高まっています。7月から8月に政府主導で実施した意見聴取会、パブリックコメント、各種の世論調査でも、原発ゼロを望む国民の声は大多数となっています。国民は、原発にたよらない社会、原発ゼロの社会を望んでいます。毎週金曜日に国会周辺で行われているデモは、全国に広がっています。

こうしたなか政府は、7月に関西電力大飯《おおい》原発3号機、4号機を相次いで再稼働しました。また、中断している原発の建設再開を容認し、核燃料サイクル政策を継続し、アメリカや経済界等の要請をうけ、原発稼働ゼロを明記したエネルギー・環境戦略の閣議決定を見送りました。

本日ここに集まった私たちは、原子力発電と共生できないことを改めて学びました。私たちは、エネルギーを原子力発電に依存することを望みません。私たちは、省エネルギーを進め、原子力発電所を計画的に廃炉にし、地産地消による再生可能エネルギーへの構造の転換を求めます。

２０１２年10月8日　さよなら原発埼玉県民集会

内閣総理大臣　野田佳彦様

埼玉県知事　上田清司様」

こうして集会は、埼玉県の内外に原発について考え試論する大切なメッセージを発信して終えた。

すみやかに原発を止めて

埼玉県生協連では、「原子力発電について」と題した下記の文で、期限を明確にした計画を持って、すみやかに原子力発電を止めていくことと、自然エネルギーを積極的に増やす施策を強めることを国に求め、すでに２０１１年11月の理事会で確認していた。

「（略）東日本大震災を機に、巨大地震の発生予測が強まっています。原発の防災対策の重点地域を拡大する案も検討されています。それによると対象となる範囲は、従来に比べて３倍（約30㎞圏内１３５市町村）、人口では４倍（同７９３万人）となります。再び過酷事故を起こしたら、日本は立ちいかなくなってしまいます。

使用済み核燃料には、放射能レベルの高い廃棄物が残ります。冷却のための管理・保管に数十年、放射能レベルが十分低くなるまで数万年かかります。その間、人類から隔離し管理する必要があります。原発は、遠い将来の子孫に廃棄物を残していることになります。数万年先まで、現在の意思を伝え続けられるかも大いに疑問です。（略）

東電管内では、２０１０年の最大電力5、９９９万kWに対し、今年２０１１年は同４９２２万kWとマイナス１０７７万kW（マイナス18％）とすることができました。電源別発電電力量に占める原発は、全体は約３割で東電管内は23％です。政府の『エネルギー需給安定行動計画（案）』では、『来年夏には、今年夏のような対策を取れば日本全体で約４％の余裕がある』と分析しています。さらに節電を続けることと、自然エネルギーへ転換することで、地球温暖化も放射能汚染もない未来を築いていきましょう」

２０１１年11月の段階で、埼玉県生協連において原発のない社会を明確に求めたことは高く評価してよいだろう。

第16章

おわりに
笑顔をかわす場のさらなる拡がりを

これまでみてきたような埼玉県における協同を大切にした復興支援から、いったい何を学び、そして今後どのように発展させていけば良いのだろうか。今回の取材を通して私なりに考えてみた。

さいたまコープによる復興支援の特徴

さいたまコープによる復興支援の特徴は、第一に地元の埼玉県に避難している被災者の暮らしを、2年目も継続的にサポートしていること、第二に被災地である福島県において、避難者の要望に応えて復興の支援を続けていること、第三には復興支援に関わる他の協同組合や市民団体と連携し、課題を効果的に進める中間支援組織としての役割を発揮していること、第四にはこうした課題を組織的に実践するため、専門の部署を設け担当者を配置していることである。

①埼玉県の避難者を継続的に支援

復興支援となると、すぐ被災した現地における支援を一般にはイメージする。もちろん被災地における支援は大切だが、同時に足元の地域に困っている避難者がいれば手助けすることも重要である。

さいたまコープでは、4，000人もの避難者がさいたまスーパーアリーナに来たときから、温かい食べ物の提供や、子どもの遊びなどで支援をしてきた。また、1，400人もの双葉町の人たちが旧騎西高校に移動してからは、週に1回であるが継続して炊き出しを実施している。当初の1割ほどに減少したとはいえ、今も100人をこえる方たちが暮らし、日本で唯一残った避難所である。そこでの継続した炊き出しは、温かい汁物の提供だけでなく、避難者を決して忘れない大切なメッセージの場にもなっている。

資料1（286ページ）の都道府県別の避難者数によれば、埼玉県には2013年1月17日現在で56市町村に避難者が4，088人いて、約1カ月前の12月6日より75人減っている。しかし、いわゆる自主避難者を含めて行政が把握しきれていない避難者もいて、実態はこれより多い。

こうした多数の避難者を、さいたまコープは各地域でサポートしている。それは以前から地域に目線を当ててきたさいたまコープにとって、当然の取り組みでもあった。

②被災地福島での避難者支援

他方でさいたまコープは、復旧・復興を進める被災地への支援も継続している。

ところで震災から2年を過ぎた被災地では、残念ながら支援は大幅に減少しつつある。表1は、災害ボランティアセンターのまとめた支援に入った人数の推移である。これを見ると最盛期の2011年5月に比べ、2012年11月には3県で8・8パーセントとなっている。その中でも岩手15・0パーセントと宮城7・7パーセントに対し、福島は実に3・8パーセントにまで激減している。災害ボランティアセンターを通さずに被災地へ入っている人も少なくないので、全体の正確な数ではないがボランティアの動向を示してい

表1　災害ボランティアセンターで受け付けたボランティア者数の推移（仮集計）：全国社会福祉協議会

各月ごとの人数

	3県合計	岩手県	宮城県	福島県
2011年3月	60,100	12,100	27,600	20,400
4月	156,700	34,700	93,000	29,000
5月	171,900	46,000	91,500	34,400
6月	129,500	42,200	64,800	22,500
7月	125,900	46,400	62,800	16,800
8月	97,700	48,200	40,300	9,200
9月	62,700	36,400	22,900	3,400
10月	50,100	25,500	20,600	4,000
11月	37,700	19,900	15,500	2,300
12月	19,000	9,100	7,900	1,900
2012年1月	11,900	5,600	5,200	1,200
2月	16,300	7,900	7,200	1,300
3月	31,400	13,500	16,000	1,900
4月	23,400	10,400	11,700	1,300
5月	25,900	11,900	12,300	1,700
6月	26,800	13,700	11,500	1,700
7月	21,600	10,500	9,600	1,500
8月	30,600	15,900	12,600	2,100
9月	25,200	12,900	10,700	1,700
10月	18,000	8,200	8,800	1,000
11月	15,200	6,900	7,000	1,300

ると判断してよいだろう。

なぜ福島だけが、他の2県に比べてこれだけボランティアの人数が激減したのだろうか。いくつか想定できるが、東京電力の福島第一原発事故による放射能汚染によって、外部から入ることができない地域が広く、同時に地元の多くの人も古里を離れているため受け入れが困難で、支援をしたくてもできないことが大きい。

東日本大震災の被災地の中でも他にない福島の苦難の中で、さいたまコープの継続した支援は、どうにかして前向きに生きようとする人々を元気付けている。

③中間支援組織としての役割

今回の震災のように大規模な被害が発生したときは、1つの団体や行政だけでは十分な支援対応ができない。そこで、それぞれの専門性を活かして被災者を支援するため、各支援団体を対等かつ平等に連携する役目が大切になり、その一つをさいたまコープが担っている。

旧騎西高校における炊き出しが、その良い一例である。双葉町役場と連携し、避難者を支援したいと願うパルシステム埼玉や医療生協さいたまなどの生協だけでなく、同じ志のJAや地元加須の女性団体・社会福祉協議会などが協力できる場をさいたまコープが設け、効果的に運営している。

旧騎西高校における避難所応援隊。(2012年6月7日)

④組織的な支援体制の確立

組織的に支援するためさいたまコープでは、専門の部署である地域ネットワークを設置し、各担当者が迅速に対応している。こうした新しい部署の取り組みは、コープネット事業連合に結集し、かつ日本生協連との連携強化よって、地域に対してより細かい支援をすることを可能とした。なお正規職員4名による新しい部署は、偶然にも震災当日にスタートする予定であったので、すぐに支援の役割を担うことができた。

さいたまコープの規模拡大には、これまでの長い合同の歴史がある。1947年設立の高階《たかしな》村生協と1965年設立の所沢生協は、1970年に合併して埼玉市民生協となる。他方で、埼玉中央市民生協と埼玉南部市民生協が１９７９年に合併して埼玉中央市民生協となり、１９８２年に埼玉市民生協と埼玉中央市民生協が合併し、さらに１９９６年に埼玉北部市民生協が一緒となりさいたまコープへと発展してきた。

生協による地域への社会貢献

こうした震災復興の取り組みは、以前からさいたまコープが、以下の理念をコープネットグループで共有し、地域への社会貢献を進めてきたことが深く関連している。

「ＣＯ・ＯＰ　ともに　はぐくむ　くらしと未来

私たちは、一人ひとりが手をとりあって、一つひとつのくらしの願いを実現します。私たちは、ものと心の豊かさが調和し、安心してくらせるまちづくりに貢献します。

私たちは、人と自然が共生する社会と平和な未来を追求します」

２０１３年１月１日現在で、さいたまコープの組合員は90万1，１４８人になっている。世帯加入率は平均で31・３パーセントとなり、中には50パーセント前後の地域は、58・０パーセントの北本市を筆頭にいくつかある。ここまで地域社会に深く関わると、宅配や店舗における商品の供給だけでなく、子育てや教育や環境保全などにおいて、地域社会から生協に求められる課題がいくつも出てくる。

そこで地域ステーションなど独自の工夫を以前からしている。ステーションとは、コープ商品は利用したいが条件の合わない人に、近くの商店などで生協の商品を受け取ることのできる仕組みである。地元の酒屋やクリーニング店などに、カタログ購入の取次を委託して協力するメイトになってもらい、希望する組合員にステーションで購入してもらう。週に少なくとも1回は商品を預かってもらい、生協から届けた商品の受け取り・保管・渡しや注文書を預かってもらう。手数料は扱う商品代金の2パーセントで、利用する組合員の募集は生協で行う。利用の受け入れ人数はメイトの都合に合わせ、またチラシを地域に配布するので店の宣伝にもなる。

こうして地域の様々な店の協力によってステーションは、県内で1，000カ所となり、県内に約2，200あるコンビニ店数の半分ほどになっている。小さな食品スーパーが撤退した公団住宅では、高齢化した住民は、バスやタクシーを使って遠方まで買い物に出かけなければならないなど、いわゆる買い物弱者になっていることが多い。そこで公団住宅の管理組織および団地自治会と協議し、団地内で必要な日用品を受け取り、あわせてお茶飲みや交流のできる場もつくっている。

また地域への特別の配達として、重くて種類の多い商品の配達を特別に希望するケースにも応えている。

一つ目は、店から直接配達する「あったまる便」である。朝10時から午後4時まで受け付け、店舗で購入した商品を正午から午後5時の間に1回100円で運ぶ。

二つ目は、学童保育の施設や保育園などへの、食材や菓子類の配達である。学童保育のスタッフは、菓子などの買い出しの手間の掛かる作業を、生協法の改定によって生協で行うことが可能となり、2012年12月現在で1，477カ所（学童700、保育417、福祉255、その他105）に配達し1施設あたり12，100円の利用となっている。

また助け合いの活動として、組合員が中心となって生協の施設などを活用し、地域における人と人の交流を応援している。一つが誰でも参加できる「ふれあい喫茶」で、17カ所において月に1回開催し、コーヒーや紅茶や手作りのケーキなどを出して、楽しい団欒《だんらん》の場を設けている。他には高齢者向けの「ふれあい食事会」があり、9カ所において月に1回開いている。季節に合わせた献立の工夫だけでなく、参加者がゆったりとおしゃべりする時間や、歌や健康チェックをするなどの工夫もしている。

さらには保育園、幼稚園、小学校、コープフェスタなどへ、生協の宅配に使用しているトラックを持ち込み、子ども交通安全教室を開催し、子どもの交通事故防止に協力している。交通ルールを教えるだけでなく、子どもたちにトラックの運転台に座ってもらい、そこから見ることのできない死角のあることを体験してもらい、車に注意することを学んでもらっている。また、職員と組合員で編成する環境学習応援隊では、小・中学校への出前講座をしたこともある。

地域の障がい者の雇用にも積極的に取り組み、地域の社会福祉法人との業務提携を1985年に開始し、物流部門で複数の障がい者が働くようになった。その後も交流を強め、1995年には埼玉県共同作業所連絡会と協定を結び、障がい者雇用を積極的に進め、2013年1月10日の障がい者雇用率は2・72パーセントとなり、法的雇用率1・8パーセントを上回って推移している。障がい者就労者は47人で、正規6人とパート・アルバイト41人が業務に励み、健常者と同様の給与体系で働いている。

こうして復興支援を含め地域社会の一員として、生協が役割を発揮する目的や意義について、さいたまコープの佐藤利昭理事長にたずねた。

「私たちのありたい姿は、大多数の県民が生協の何らかの事業や活動に参加し、誰もが安心して暮らすことのできる地域づくりの担い手になることです。

具体的には、地域における私たちの果たす役割として、第一に地域コミュニティづくりに主体的に関わる、第二に誰もが参加できて利用しやすい、第三に協同の心を大切にした人材を育成する、第四に地域福祉の担い手としての役割発揮を内外にアピールし続けることです。

そこで社会の一員としての生協の責任と役割をより発揮するため、社会貢献活動推進委員会で議論を深めてきました。その結果、食と商品、子ども・子育て応援、環境、くらしの4分野で私たちの課題を明らかにし、事業と運動の両面で関わりを強め、今回の震災に対する支援でも活かしています」

以前から地域づくりを地道に進めてきたことが、今回の避難者の支援にもしっかりとつながっている。

2013年3月21日からさいたまコープは、コープとうきょう・ちばコープと合併してコープみらいとなり、以下のありたい姿を追求することとなった。

①安全・安心を第一に、「日本を、食卓から元気にしたい」を社会に発信し、日本の食を応援します。

②誰もが楽しんで利用しやすい生協であり続けます。

③子育て・高齢者支援など、地域とつながり誰もがくらしやすい社会づくりを進めます。

④くらしの様々な場面や災害時にも、誰もが頼れる生協であり続けます。

⑤一人ひとりの組合員の声（意見・要望）を聴き、活かす生協であり続けます。

⑥全国の生協と連携を強め、社会に向けて発信力を高めていきます。

さいたまコープにおいて、「つなげよう　笑顔」や「忘れない、伝える、続ける、つながる」の視点で、復興支援において培ってきたいくつもの教訓が、合併を機にさらにきっと拡がることだろう。

震災の復興支援を通して私たちが考えることは

第一に、人類の英知の一つである協同する大切さの再確認である。日々の暮らしには、行政や企業などの貢献する部分はもちろんあるが、より多くは顔をあわせる人々との協力で解決して豊かにすることができる。

生協法の第1条の「目的」で「生協は、国民生活の安定と生活文化の向上を期すること」と明記している。別の表現をすれば、食べ物や衣服など生活の量と同時に、豊かな暮らしにつながる質を高めることである。この両面が日々の暮らしには大切であり、そのためにも身近な人々との協同が必要不可欠となり、生協の存在価値にもつながる。

第二には、避難者のためのコミュニティ再生が、やがて支援する人々のためにもなることである。コミュニティの崩壊は、何も今回の被災地だけに限らず、全国の各地で発生している。わが国では高度経済成長期に代表されるように、企業の成長を賄うため農山漁村から都会へ若者の多くが移動し、地方の高齢化や過疎化が進んでいるし、他方で巨大化した都会では効率と競争が激化し、どちらもコミュニティが大きく崩れてきた。

高校生の描いた仮設住宅の壁画。（2012年10月23日）

このため被災地でのコミュニティづくりは、人々が人間らしく暮らすため、全国各地におけるコミュニティ再生に向けての大きなヒントとなる。

第三には、神話から脱却して自らの頭で考えて判断することである。原発の安全神話以外にも、人口が減少しても常に経済は伸びるとの成長神話もあれば、防潮提を高くすれば津波の被害を防ぐことができるとのコンクリート神話や、何か問題が発生すれば誰か高い能力を持った人が助けてくれるヒーロー（英雄）神話などがある。

こうした各種の神話を信じることは、あれこれと考え悩む必要がないので楽ではある。しかし、今回の原発事故が明らかにしたように、神話は本質を隠すだけの役割しかなく、私たちが人間らしく生きていくためには不要で、むしろ判断を惑わすため有害ですらある。

第四に、社会変革の主体は私たち民衆の一人ひとりである自覚を持つことだろう。多くの歴史の本やマスコミなどは、時の為政者が社会を変革してきたと教え、今も選挙などのときにそう伝えている。しかし、本当にそうだろうか。社会の諸制度を為政者は変えてきたかもしれないが、人々が生活する富を生産するため農林水産業や商業などに勤《いそ》しんできたのは、厳しい自然の中でも仕事をし続けてきた民衆の一人ひとりである。その力でもって社会の発展を支えてきたのであり、為政者の掛け声で変革してきたのでは決してない。

今回の震災からの復旧・復興についてもそうである。政府高官や専門家や経済界のトップたちに、できることはおのずと限界がある。誰かに任せれば全て解決できるわけではなく、地域社会や暮らしを動かしている自律した民衆の1人として、主体的に関わることが何よりも大切であると私は考える。

こうした結果、ただ一緒に生きていく共生社会にとどまらず、あらゆるものと協力して生きる〝協生社会〟を私はイメージしている。同じ地域で暮らしている人はもちろんだし、東北からの避難者も当然のことながら含む。また現存している人だけでなく、亡くなった方の願いや、将来の社会で暮らす人々にも心を配る。さらには人間だけでなく、他の生物や河川などの自然環境も協力の対象とし、共に力を出し合って生きていくことである。

こうした〝協生社会〟を考え、できるところから創るきっかけにすることが、この震災から私たち一人ひとりに強く求められているのではないだろうか。

※おことわり
掲載した方の所属・肩書き・年齢は、全て取材時のものです。

後書き

震災から2年の間に避難者のいる各地を訪ね、協同を大切にした復旧・復興の取り組みについて取材し書かせてもらった本は、宮城と岩手に続きこれが3冊目となった。どこも震災によって大変な状況のもとで、同じ志の仲間と協力してできることを実践し、一歩ずつ進んでいる姿が印象的であった。

今回は津波や地震の被害よりも、原発事故による放射能汚染という大きな災害が重なり、古里に戻る目処の立たない方に何人も会った。先祖代々からの家や田畑や墓を守ることのできない悔しさは、どれだけ高額の札束をもらってもなくすことは決してないだろう。何よりも、日本はもとより世界にもこれだけ放射能の被害を及ぼしたのに、責任者が明確にならないのはどうしたことだろう。このまま他の原発を再開して、第二、第三の事故につながらないと誰が明言できるのだろうか。福島からの避難者の不安や苦しみは、ますます高まるだけである。放射能汚染から逃げるため無理をして亡くなった多数の方や、訴えることもできずに餓死した家畜やペットたちの無念さを、私たち生きている一人ひとりが胸に受け止め、誰もが安心して住むことのできる社会に向けて進む社会的かつ歴史的責務がある。

そうした中で埼玉に住む福島出身者や心ある市民が協力し、福島からの避難者を温かく迎え、避難者の中からも前向きに自らの力で立つ人が出て、共に地域で一歩ずつ前に進みつつある姿は、私にとって一筋の希望の光を見る思いであった。人はどんなに大変な状況に直面しても、仲間と協力すればどこかに乗り越える道が見つかるし、その協同した行為そのものが確かな将来へつながっていくと私は信じている。

この本を通じて、誰もが安心して暮らす地域づくりの一つのヒントになれば幸いである。

今回も取材させてもらったにも関わらず、私の力量と字数の関係で多数の方の紹介ができなかったが、そうした方々の協力もあってやっと完成させていただいた。

皆様のおかげで本にすることができたことを深く感謝します。ありがとうございました。

２０１３年２月７日　０・１３マイクロシーベルトの取手の自宅にて　西村一郎

資料1	都道府県別の避難者（復興庁、平成25年1月17日現在）

（下段のカッコ書きは、前回（平成24年12月6日現在）からの増減数）　（単位：人、団体数）

所在都道府県	施設別				計	所在判明市区町村数
	A 避難所（公民館、学校等）	B 旅館・ホテル	C その他（親族・知人宅等）	D 住宅等（公営、仮設、民間、病院含む）		
1 北海道	0 （0）	0 （0）	559 （－ 6）	2,407 （－ 9）	2,966 （－ 15）	91 （－ 3）
2 青森県	0 （0）	0 （0）	505 （－ 11）	659 （－ 23）	1,164 （－ 34）	24 （0）
3 岩手県	0 （0）	0 （0）	338 （－ 303）	40,386 （－ 599）	40,724 （－ 902）	（※1）27 （0）
4 宮城県	0 （0）	0 （0）	1,042 （＋ 7）	109,018 （－ 1,955）	110,060 （－1,948）	（※1）35 （0）
5 秋田県	0 （0）	0 （0）	486 （－ 11）	794 （－ 16）	1,280 （－ 27）	20 （0）
6 山形県	0 （0）	0 （0）	583 （－ 18）	9,604 （－ 488）	10,187 （－ 506）	34 （0）
7 福島県	0 （0）	0 （0）	－	97,271 （－ 964）	97,271 （－ 964）	（※1）48 （0）
8 茨城県	0 （0）	0 （0）	605 （＋ 9）	4,,801 （－ 492）	5,406 （－ 483）	41 （－ 1）
9 栃木県	0 （0）	0 （0）	476 （－ 387）	2,632 （＋ 591）	3,108 （＋ 204）	25 （0）
10 群馬県	0 （0）	0 （0）	214 （＋ 4）	1,604 （－ 14）	1,818 （－ 10）	28 （0）
11 埼玉県	146 （－ 13）	0 （0）	0 （0）	3,942 （－ 62）	4,088 （－ 75）	56 （0）
12 千葉県	0 （0）	－	3,951 （＋ 15）	－	3,951 （＋ 15）	46 （0）

所在 都道府県	施設別				計	所在判明 市区町村数
	A 避難所 (公民館、学校等)	B 旅館・ホテル	C その他 (親族・知人宅等)	D 住宅等 (公営、仮設、民間、病院含む)		
13 東京都	0 (0)	0 (0)	2,214 (+ 16)	6,881 (− 98)	9,095 (− 82)	55 (0)
14 神奈川県	0 (0)	0 (0)	0 (0)	2,772 (− 19)	2,772 (− 19)	(※1) 25 (0)
15 新潟県	0 (0)	0 (0)	336 (− 17)	5,670 (− 176)	6,006 (− 193)	(※1) 30 (+ 1)
16 富山県	0 (0)	0 (0)	73 (0)	252 (− 6)	325 (− 6)	10 (0)
17 石川県	0 (0)	0 (0)	112 (+ 2)	357 (− 4)	469 (− 2)	11 (0)
18 福井県	0 (0)	0 (0)	69 (0)	259 (− 4)	328 (− 4)	16 (0)
19 山梨県	0 (0)	0 (0)	167 (− 69)	662 (+ 69)	829 (0)	21 (0)
20 長野県	0 (0)	0 (0)	142 (− 1)	1,147 (− 37)	1,289 (− 38)	45 (0)
21 岐阜県	0 (0)	0 (0)	133 (− 5)	206 (+ 6)	339 (+ 1)	28 (0)
22 静岡県	0 (0)	0 (0)	345 (+ 2)	882 (− 17)	1,227 (− 15)	32 (0)
23 愛知県	0 (0)	0 (0)	211 (− 2)	1,034 (+ 1)	1,245 (− 1)	46 (0)
24 三重県	0 (0)	0 (0)	103 (+ 2)	408 (− 3)	511 (− 1)	17 (0)
25 滋賀県	0 (0)	0 (0)	227 (− 6)	124 (0)	351 (− 6)	15 (0)
26 京都府	0 (0)	0 (0)	268 (− 1)	744 (+ 3)	1,012 (+ 2)	17 (0)

所在 都道府県	施設別				計	所在判明 市区町村 数
	A 避難所 （公民館、 学校等）	B 旅館・ ホテル	C その他 （親族・知 人宅等）	D 住宅等 （公営、仮設、 民間、病院 含む）		
27 大阪府	0 （0）	0 （0）	297 （0）	882 （− 2）	1,179 （− 2）	31 （0）
28 兵庫県	0 （0）	0 （0）	314 （− 4）	724 （+ 10）	1,038 （+ 6）	28 （0）
29 奈良県	0 （0）	0 （0）	90 （+ 4）	97 （0）	187 （+ 4）	18 （0）
30 和歌山県	0 （0）	0 （0）	39 （+ 1）	81 （− 1）	120 （0）	13 （− 1）
31 鳥取県	0 （0）	0 （0）	53 （− 4）	150 （+ 2）	203 （− 2）	13 （− 1）
32 島根県	0 （0）	0 （0）	23 （+ 1）	110 （0）	133 （+ 1）	13 （0）
33 岡山県	0 （0）	0 （0）	271 （+ 10）	625 （+ 5）	896 （+ 15）	19 （0）
34 広島県	0 （0）	0 （0）	208 （0）	371 （− 1）	579 （− 1）	16 （− 1）
35 山口県	0 （0）	0 （0）	51 （0）	114 （− 4）	165 （− 4）	13 （0）
36 徳島県	0 （0）	0 （0）	37 （0）	49 （− 5）	86 （− 5）	12 （0）
37 香川県	0 （0）	0 （0）	13 （0）	90 （+ 1）	103 （+ 1）	8 （0）
38 愛媛県	0 （0）	0 （0）	146 （0）	56 （+ 7）	202 （+ 7）	12 （0）
39 高知県	0 （0）	0 （0）	72 （− 3）	69 （− 4）	141 （− 7）	15 （0）
40 福岡県	0 （0）	0 （0）	164 （− 3）	591 （− 3）	755 （− 6）	37 （0）

所在都道府県	施設別				計	所在判明市区町村数
	A 避難所（公民館、学校等）	B 旅館・ホテル	C その他（親族・知人宅等）	D 住宅等（公営、仮設、民間、病院含む）		
41 佐賀県	0 (0)	0 (0)	41 (0)	232 (− 5)	273 (− 5)	10 (0)
42 長崎県	0 (0)	0 (0)	53 (+ 7)	99 (− 6)	152 (+ 1)	12 (0)
43 熊本県	0 (0)	0 (0)	103 (+ 3)	282 (− 1)	385 (+ 2)	23 (0)
44 大分県	0 (0)	0 (0)	71 (0)	277 (0)	348 (0)	16 (0)
45 宮崎県	0 (0)	0 (0)	85 (− 1)	176 (+ 2)	261 (+ 1)	10 (0)
46 鹿児島県	0 (0)	0 (0)	100 (+ 7)	170 (− 7)	270 (0)	27 (0)
47 沖縄県	0 (0)	0 (0)	76 (+ 2)	980 (+ 21)	1,056 (+ 23)	29 (0)
合 計	146 (− 13)	0 (0)	15,466 (− 760)	300,741 (− 4,307)	316,353 (− 5,080)	1,218 (− 6)

【注】（※1）当該欄の数値以外に、避難者が所在する市区町村があり得る場合を示している。

（※2）自県外に避難等している者の数は、福島県から57,377人、宮城県から8,035人、岩手県から1,637人となっている。

「炊出し」118回47,980食、「ひろば」など473回、応援人数計4,752人

期　間	回　数	利用人数(食数)	応援人数
'11/03/21～'11/03/31	2回	3,960食	20人
'11/04/13・17・20・29	4回	600食	36人
'11/04/15・19	2回	60食	14人
'11/04/21～'13/01/20	110回	43,360食	3,504人
'11/03/21～'13/01/20	**118回**	**47,980食**	**3,574人**
'11/04/05～'13/01/20	401回	1,640人	827人
'11/04/21～'13/01/20	36回	634人	83人
'11/06/12～'13/01/20	19回	617人	268人
'11/06/12～'13/01/20	17回	205人	0人
'11/04/05～'13/01/20	**473回**	**3,096人**	**1,178人**
'11/03/21～'13/01/20	**591回**	**51,076人**	**4,752人**

※上記支援の他、'11/5/26に行なわれた「遠足のお弁当支援」では76人の子どもに遠足用の弁当を提供させていただいた。

「ボランティア」「お見舞い訪問」「仮設住宅支援」など114回、434人参加

期　間	回　数	ボランティア参加人数
'11/03/23～'11/04/15	5	18
'11/05/05～'12/03/24毎木曜	47	189
'11/07/21	1	6
'11/10/15～'12/03/10　第2・第4土曜日	12	81
'11/10/16、'11/10/29～30	2	6
'12/03/20～'13/01/20	6	25
'12/09/29～'13/01/20	5	13
'12/04/26～'13/01/20	13	41
'12/04/14～'13/01/20	13	35
	104	**414**
'11/05/28、06/07、06/21	3	6
'11/06/06～06/19	1	1
'11/07/12～13	1	5
'11/08/29～30	1	2
'11/12/07～08	1	1
	7	**15**
'11/06/06～08/05	2	4
'11/11/01、2	1	1
	3	**5**
	114	**434**

資料2　さいたまコープの支援 ①埼玉県内の避難者へ

	避難先	主な支援内容
炊出し	さいたまスーパーアリーナ（さいたま市）	埼玉大学調理おにぎり運搬・味噌おでん炊出し
	自治人材開発センター（さいたま市）	味噌汁・豚汁・カレーライス炊出し
	片柳コミュニティセンター（さいたま市）	味噌こんにゃく・フランクフルト炊出し
	旧騎西高校（加須市）	炊出し（調理・配膳）
○炊出し合計		
ひろば	旧騎西高校（加須市）	おやこのひろば（週4回）
	加須コミュニティセンター（加須市）	「子育てサロンふれあい広場」
		子どものあそびのひろば
		ふれあい喫茶
○「ひろば」等合計		
		◎総　計

※双葉町の炊出し支援ボランティア「避難所応援隊」は'13/01/20時点で 組合員403人、職員・OB160人 合計563人の登録がある。

資料3　さいたまコープの支援 ②被災地へ

	支援先	主な支援内容
福島県	コープふくしま	営業再開に向けた活動
	福島県南相馬市	瓦礫・土砂除去、流失品洗浄、物資の仕分け等
	福島県いわき市	「山菱水産㈱」へ生産者お見舞い訪問
	福島県南相馬市	仮設住宅での「ふれあいひろば」
	福島県伊達市	歩道除染活動
	福島県福島市飯坂町	北幹線仮設住宅でお茶会など
	福島県福島市佐倉下	さくら仮設住宅でお茶会など
	福島県郡山市日和田町	日和田仮設住宅でお茶会など
	福島県郡山市富田町	富田仮設住宅でお茶会など
○福島県合計		
岩手県	岩手県陸前高田	避難所（陸前高田第一中学校）食料支援
	岩手県陸前高田	ボランティアセンターのコーディネート
	岩手県各地	お米育ち豚三陸産わかめ生産者お見舞訪問「JAいわて花巻」「ありす畜産」「岩手畜産流通センター」「唐丹漁協」など5社
	いわて生協など	日本生協連主催、いわて生協と生産者お見舞い訪問
	岩手県各地	三陸産わかめ等生産者お見舞い訪問。㈱かわむら、「重茂漁協」など4社
○岩手県合計		
宮城県	みやぎ生協	石巻市仮設住宅などで生協の案内
	宮城県各地	漬魚、生さんま「水野食品」、「協同シーフーズ」など生産者お見舞い訪問6社
○宮城県合計		
◎被災地支援総計		

資料4　各団体のホームページ

団体名	ホームページ
さいたまコープ	http://saitama.coopnet.or.jp/
コープネット事業連合	http://www.coopnet.jp/
パルシステム埼玉	http://www.palsystem-saitama.coop/
生活クラブ生協埼玉	http://www.seikatsuclub-saitama.coop/
医療生協さいたま	http://www.mcp-saitama.or.jp/
埼玉県生協連	http://saitama.kenren-coop.jp/
コープふくしま	http://www.fukushima.coop/
福島県生協連	http://fukushima.kenren-coop.jp/
一歩会	http://i-1po.net/
相双ふるさとネットワーク	http://namieimonikai.com/
手あての輪	http://ameblo.jp/kyoko563285
ふじみ野市避難者支援活動実行委員会:おあがんなんしょ	http://oagannansho.com/
ゴーシュうどん倶楽部	http://www7b.biglobe.ne.jp/udongoshu/club.html
新しい公共をつくる市民キャビネット災害支援部会	http://citycabinet.npgo.jp/
さいたまユニセフ協会	http://www.unicef-saitama.gr.jp/

［著者略歴］

西村 一郎

（にしむら　いちろう）

1949年4月29日、高知県高知市春野町西畑生まれ。63歳。
2010年3月末、公益財団法人 生協総合研究所を定年退職。その後は生協研究家、ジャーナリスト。
所属 日本科学者会議・現代ルポルタージュ研究会
著書 『生かそう物のいのち』（連合出版、1986年）、『協同組合で働くこと』（共著、労働旬報社、1987年）、『子どもの孤食』（岩波ブックレット、1994年）、『雇われないではたらくワーカーズという働き方』（コープ出版、2005年）、『協同っていいかも？―南医療生協いのち輝くまちづくり50年―』（合同出版、2011年、平和・協同ジャーナリスト基金賞受賞）、『悲しみを乗りこえて共に歩もう―協同の力で宮城の復興を―』（合同出版、2012年）、『被災地につなげる笑顔―協同の力で岩手の復興を―』（日本生協連出版部、2012年）、『生協は今No.1』（アマゾン Kindle版、2013年）、『生協は今No.2』（アマゾン Kindle版、2013年）、『協同組合と私たちの食』（アマゾン Kindle版、2013年）他多数

連絡先　e-mail：info@nishimuraichirou.com

シリーズ・これからの地域づくりと生協の役割 3
3・11 忘れない、伝える、続ける、つなげる
協同の力で避難者の支援を

［発行日］2013年3月11日　初版1刷
［検印廃止］
［著　者］西村一郎
［発行者］芳賀唯史
［発行元］日本生活協同組合連合会出版部
〒150-8913　東京都渋谷区渋谷3-29-8　コーププラザ
TEL 03-5778-8183
［発売元］コープ出版㈱
〒150-8913　東京都渋谷区渋谷3-29-8　コーププラザ
TEL 03-5778-8050
www.coop-book.jp
［制　作］OVERALL
［印　刷］日経印刷㈱
Printed in Japan

ISBN978-4-87332-321-3